von
Denise Bondonno
María Victoria Rojas Riether

99 Grammatische Übungen

Spanisch – Niveau B1+

Ernst Klett Verlag
Stuttgart · Leipzig

Übersicht

Übungsplan für *Línea amarilla 4*

Wenn du mit *Línea amarilla 4* arbeitest, kannst du die folgenden Übungen im Anschluss an die genannte *Unidad* bearbeiten. Die Paragrafen beziehen sich auf das Grammatische Beiheft zu *Línea amarilla 4*. Dort findest du eine ausführliche Erklärung der Grammatik.

Übung	Paragraf		Seitenzahl
Unidad 1			
45 – 48	§3	Passivsatz mit dem Pronomen *se*	41
Unidad 2			
69 – 74	§5	Indirekte Rede mit Tempusverschiebung (1)	59
89	§7	Die Substantivierung mit *lo*	77
Unidad 4			
1 – 8	§12	Bildung und Gebrauch des *condicional simple*	6
83, 88	§13	Das Adjektiv: Steigerung und Vergleich	72, 76
86 – 88	§14	Steigerung und Vergleich der Adverbien	75
Unidad 6			
69 – 74	§18	Indirekte Rede mit *subjuntivo*	59

Übungsplan für *Línea amarilla 5*

Wenn du mit *Línea amarilla 5* arbeitest, kannst du die folgenden Übungen im Anschluss an die genannte *Unidad* bearbeiten. Die Paragrafen beziehen sich auf das Grammatische Beiheft zu *Línea amarilla 5*. Dort findest du eine ausführliche Erklärung der Grammatik.

Übung	Paragraf		Seitenzahl
Unidad 1			
93 – 94	§1	Prozentangaben und Dezimalzahlen	81
95 – 97	§2	Bruchzahlen	83
33 – 37	§3	Der Gebrauch des Indikativs und des *subjuntivo* in adverbialen Nebensätzen	31
83	§4	Steigerung und Vergleich der Adjektive	72
84 –85	§4	Unregelmäßige Steigerungsformen der Adjektive	73
12 – 15	§5	Bildung und Gebrauch des *pretérito perfecto de subjuntivo*	15
Unidad 2			
16 – 17	§6	Bildung des *pretérito imperfecto de subjuntivo*	18
18 – 19, 21 – 24, 31 – 32, 38	§6, 7	Bildung und Gebrauch des *pretérito imperfecto de subjuntivo*	19, 22, 29, 35
Unidad 3			
63 – 65	§8	Nebensatzverkürzung mit Infinitiv	54
66	§9	Nebensatzverkürzung mit Partizip Perfekt	57
69	§10	Die indirekte Rede mit *subjuntivo*	59
70 – 74	§10	Die indirekte Rede mit *subjuntivo* und Tempusverschiebung	60
1 – 8	§11	Bildung und Gebrauch des *condicional simple*	6
9 – 11	§12	Bildung und Gebrauch des *condicional compuesto*	12
Unidad 4			
25 – 28	§13	Bildung des *pretérito pluscuamperfecto de subjuntivo*	25
20 – 21, 29 – 30, 54 – 62	§14	Irreale Bedingungssätze	21, 27, 48
Unidad 5			
49 – 53	§15	Das Passiv	44
45 – 48	§16	Passivsatz mit dem Pronomen *se*	41
Unidad 6			
67 – 68	§17	Nebensatzverkürzung mit Gerundium	57
90	§18	Relativpronomen und -adverbien	78
Unidad 7			
75 – 77	§19	Zusammengesetzte Wörter	65
78 – 82	§20	Die Wortbildung	67
39 – 43	§21	Bildung und Gebrauch des Futur II	36

Übungsplan für *Línea verde 3*

Wenn du mit *Línea verde 3* arbeitest, kannst du die folgenden Übungen im Anschluss an die genannte *Unidad* bearbeiten. Die Paragrafen beziehen sich auf das Grammatische Beiheft zu *Línea verde 3*. Dort findest du eine ausführliche Erklärung der Grammatik.

Vorwort

Liebe Schülerinnen, liebe Schüler,

in diesem Heft findet ihr 99 abwechslungsreiche und unterhaltsame Übungen, mit denen ihr die spanische Grammatik bis zum Niveau B1+ des Gemeinsamen europäischen Referenzrahmens lernen oder wiederholen könnt.

Das Inhaltsverzeichnis gibt euch einen Überblick über die verschiedenen Grammatikpensen, die behandelt werden. Die Grammatik ist nach Inhalten geordnet. Ihr könnt die Übungen choronologisch bearbeiten, die Themen heraussuchen, die im Unterricht behandelt werden oder die ihr üben möchtet.

Zu jedem Thema gibt es einfache, kurze Grammatikerklärungen. Diese befinden sich immer in einem gelben Kasten und sind einfach zu finden. Die meisten Erklärungen erarbeitet ihr selbst, indem ihr anhand von Beispielen Regeln oder Konjugationsmuster selbstständig ergänzt. Einige Erklärungen sind auch vorgegeben, damit ihr die Übungen sicher und unkompliziert bearbeiten könnt. Die gelben Grammatikkästchen ermöglichen es euch, die entsprechenden Grammatikregeln neu zu entdecken, zu wiederholen und zu festigen.

Diejenigen unter euch, die in der Schule mit Línea amarilla 4 oder 5 oder Línea verde 3 arbeiten, finden direkt nach dem Inhaltsverzeichnis einen Übungsplan, in dem die Übungen aus diesem Heft den jeweiligen Lektionen des Schülerbuchs zugeordnet sind. So findet ihr ganz einfach und schnell die passenden Übungen zu jeder Lektion, die ihr im Unterricht gerade bearbeitet. Dadurch könnt ihr ganz gezielt bestimmte Grammatikpensen wiederholen, eure Kenntnisse festigen oder euch auf eine bevorstehende Klassenarbeit vorbereiten.

Außerdem enthält die Überschrift jeder Übung einen Hinweis auf den Grammatikparagrafen des entsprechenden Grammatischen Beihefts. LA4 weist also auf das Grammatische Beiheft zu Línea amarilla 4 hin, LA5 auf das Grammatische Beiheft zu Línea amarilla 5 und LV3 auf das Grammatische Beiheft zu Línea verde 3.

Die Lösungen zu allen Übungen und auch zu den Grammatikerklärungen findet ihr im Anhang ab Seite 86.

Grammatik muss nicht trocken sein – wir hoffen, dass es uns mit diesem Heft gelungen ist, euch dies zu zeigen.

Abkürzungen

LA4 *Línea amarilla 4*
LA5 *Línea amarilla 5*
LV3 *Línea verde 3*

Das Konditional

1 Descubrir y practicar

Bildung und Gebrauch des *condicional simple* ▶ LA4 §12, LA5 §11; LV3 §5

a Completa las formas que faltan.

infinitivo	imperfecto	condicional
comer	yo ______________	yo **comería**
beber	tú **bebías**	tú **beber** ______________
______________	él **vivía**	él **viviría**
abrir	nosotros ______________	nosotros **abrir** ______________
______________	vosotros **escribíais**	vosotros **ecribiríais**
entender	ellos **entendían**	ellos **entender** ______________

b Completa la regla para la formación del condicional simple de los verbos regulares.

Regelmäßige Bildung: Um das *condicional simple* zu bilden, hängt man an den __________ der Verben die Endungen des ______________________ der Verben auf *-er* und *-ir* an.

Die Endungen lauten: *-ía* / *-ías* / ______ / ______ / ______ / ______.

Einige Verben haben einen eigenen Stamm für das *condicional simple*. Er ist identisch mit dem des ______________. Zum Beispiel: *decir* → ***diría***, *hacer* → ***harías***, __________ → ***podría***, *poner* → ***pondríamos***, __________ → ***querríais***, __________ → ***sabrían*** usw.

c Ordena las siguientes formas de verbo en su categoría correcta.

bailaremos cambiaría discutíais echaríamos vivían estudiará entenderían firmaremos gritarás invitaríais jugaré lloverá perdíamos meterías tocaré viajarías subíais recibirán romperían preferías escribíais existía estaría conocíamos

imperfecto	futuro	condicional

2 ¿Qué harías con tu amigo español?

Bildung und Gebrauch des *condicional simple*
▶ LA4 §12, LA5 §11; LV3 §5

¿Qué harías con Julio, tu amigo español, en tu ciudad? Forma frases según el ejemplo.

dar un paseo • ciudad
visitar • catedral
Julio • comprar • regalos • su familia

Daríamos un paseo por la ciudad y después…

jugar al fútbol • amigos
ducharse
después • yo • descansar
Julio • ver la tele

ir • una fiesta • por la noche
las chicas • bailar
los chicos • charlar • escuchar música

toda mi familia • comer comida típica • restaurante
después • dar un paseo

3 Digo, dirás, dirías

Bildung und Gebrauch des *condicional simple* ▶ LA4 §12, LA5 §11; LV3 §5

Completa la tabla.

presente	futuro	condicional
digo	___	___
___	podrás	___
___	___	querríamos
___	sabréis	___
sale	___	___
hacen	___	___
___	vendremos	___
___	___	valdría
___	tendrás	___
hay	___	___
___	___	pondríais

4 Busca las formas irregulares del condicional simple

Bildung und Gebrauch des *condicional simple* ▶ LA4 §12, LA5 §11; LV3 §5

En el diagrama se han escondido varias formas del condicional. Búscalas y luego completa el texto con la forma correcta. ¡Ojo a los acentos! Los tienes que poner tú.

P	O	N	D	R	I	A	I	S	O
G	E	T	T	Z	C	X	L	M	U
Q	U	E	P	O	D	R	I	A	I
S	U	N	L	M	V	X	Y	P	O
D	G	D	H	C	H	I	D	R	R
R	T	R	O	M	A	F	X	C	O
J	U	I	A	R	R	L	I	T	O
H	A	A	G	D	I	R	I	A	S
M	E	N	N	O	A	Q	S	F	G

1. Yo no ________________ ese viaje. Es muy largo y caro.
2. En mi lugar, ¿qué le ________________ al profesor?
3. Los chicos ________________ que pedirle perdón a la mamá. No ha sido correcto lo que han hecho.
4. Señor, ¿ ________________ decirme dónde está el Museo del Prado?
5. Julio y María, ¿ ________________ otra música? Ésta es muy lenta.

5 ¿Cuándo se usa el condicional simple?

Bildung und Gebrauch des *condicional simple*
▶ LA4 §12, LA5 §11; LV3 §5

¿Cuáles son las diferentes situaciones para el uso del condicional simple? Lee la tabla de la gramática. Después completa las frases con el condicional simple y relaciónalas con los usos adecuados.

Das *condicional simple* wird verwendet, um Folgendes auszudrücken:

- **höfliche Bitte:** Satz Nummer ________,
- **Wunsch:** Satz Nummer _______,
- **Möglichkeit, Vorschlag, Empfehlung:** Satz Nummer _______,
- **hypothetischer Sachverhalt in der Gegenwart:** Satz Nummer _______,
- **irrealer Bedingungssatz in der Gegenwart:** Satz Nummer _______.

1. En las vacaciones pasaremos por Barcelona. Allí, nos ______________________________ (gustar) visitar el Parque Güell.
2. Si Manuel tuviera mucho dinero se ______________________________ (comprar) un avión propio para viajar por el mundo.
3. El humo del cigarrillo[1] me molesta mucho. ¿Te ______________________________ (importar) no fumar aquí adentro?
4. Paula está muy mal. Pedro y yo ______________________________ (deber) ayudarla.
5. Empezar a trabajar en la pizzería ______________________________ (significar) para mí tener menos tiempo para estudiar.

6 ¿Condicional simple o no?

Bildung und Gebrauch des *condicional simple* ▶ LA4 §12, LA5 §11; LV3 §5

Elige la forma correcta del verbo y márcala con una cruz.

1. A mí me ☐ gustar ☐ gustaría sacar buenas notas.
2. ¿Te ☐ importaría ☐ importa tirar la basura?
3. Tenemos que estudiar mucho y por eso no ☐ podemos ☐ podríamos salir por la noche.
4. A nuestros padres les ☐ gustaría ☐ gustarían tener una casa en el centro de la ciudad.
5. ¿ ☐ Sería ☐ Será tan amable de reservarme una habitación en el hotel?
6. Yo en vuestro lugar ☐ estudiaría ☐ estudio más.
7. Hoy por la noche ☐ pueden ☐ podríais quedaros en casa y ☐ ver ☐ veríais la tele. Así no ☐ gastaríais ☐ gastarán dinero.
8. A lo mejor ☐ viajaríais ☐ viajaban por España en las vacaciones. ☐ Será ☐ Sería muy interesante y ☐ conoceríais ☐ conocerán a mucha gente.

[1] **el humo del cigarrillo** der Zigarettenrauch

7 ¿Podrías...?

Bildung und Gebrauch des *condicional simple* ▸ LA4 §12, LA5 §11; LV3 §5

a Completa las siguientes frases con los verbos correctos en condicional simple.

tener · deber · saber · poder · querer · gustar · aburrirse · salir · ponerse · ir · hacer

1. ¡Hace mucho calor! Belén, ¿ ______________ abrir la ventana?
2. En tu lugar, yo no ______________ esa falda. Es demasiado corta.
3. ¡Pedro y Eva, siempre tengo que explicaros todo! ¿Qué ______________ sin mí?
4. En un país con más sol y calor, los niños ______________ más a jugar en la calle o en la plaza y no ______________ que quedarse en casa viendo la tele.
5. Sin nuestro coche no ______________ qué hacer. Lo necesitamos todos los días para ir a trabajar.
6. Vosotros no ______________ nunca a ese restaurante, ¿verdad?
7. A mis padres les ______________ mucho vivir en México.
8. Hijo, ¡no ______________ comer tanta comida basura! No es muy sana.
9. Bueno, nosotros no ______________ nunca vivir en un pueblo pequeño. ______________ todo el día.

b Aquí hay cuatro situaciones. Relaciona con cada dibujo una frase de arriba.

1 

2 

3 

4 

8 ¿Qué harías si pudieras vivir tu vida otra vez?

Bildung und Gebrauch des *condicional simple*
▶ LA4 §12, 24, LA5 §11; LV3 §5, 11

a ¿Qué harían Laura y Roberto si pudieran vivir su vida otra vez? Aquí tienes algunas ideas de ellos. Completa las frases en condicional con el verbo indicado.

1. Seguramente nosotros no ____________ **(tener)** tantos hijos. Ahora tenemos ocho hijos y veinte nietos.
2. ____________ **(viajar)** a muchos países y ciudades donde nunca hemos estado.
3. ____________ **(hacer)** más caso a nuestros padres.
4. En la universidad ____________ **(estudiar)** más y no ____________ **(ir)** a tantas fiestas.
5. ____________ **(ser)** más amables con nuestros profesores en el instituto.
6. No ____________ **(trabajar)** tanto después de terminar la universidad.
7. Ahora, que somos viejitos, ____________ **(poder)** llevar una vida más sana.

b ¿Qué cambiarías tú en tu vida si pudieras volver a hacer todo otra vez desde el principio? Completa las frases con las formas adecuadas en condicional simple en la primera persona del singular y después marca la respuesta con tu opinión personal.

	sí	no	no sé
1. Ayudaría **(ayudar)** más a mis padres.	☐	☐	☐
2. ____________ **(estudiar)** más para el instituto.	☐	☐	☐
3. No ____________ **(discutir)** tanto con mis hermanos.	☐	☐	☐
4. ____________ **(hacer)** más deporte.	☐	☐	☐
5. ____________ **(salir)** más con mis amigos.	☐	☐	☐
6. ____________ **(hablar)** menos por teléfono.	☐	☐	☐
7. No ____________ **(comer)** tantos dulces[1].	☐	☐	☐
8. No ____________ **(mirar)** tanto la tele.	☐	☐	☐

[1] **los dulces** die Süßigkeiten

9 ¡No lo habría hecho!

Bildung und Gebrauch des *condicional compuesto* ▶ LA5 §12, LV3 §6

a Subraya las formas del condicional compuesto y luego completa la regla.

Ana: Hola, Roberto. ¿Fuiste a la fiesta de María ayer?
Roberto: No. Me habría gustado mucho ir, pero estaba enfermo.
Ana: ¡Qué pena! Yo tampoco he podido ir porque era también el cumpleaños de mi mamá.
Roberto: Ah, claro. Si no, habríamos podido ir juntos a la fiesta.
Ana: Sí, tienes razón. Y también habríamos comprado juntos un regalo para María.
Roberto: Sí, bueno, yo le he comprado uno y lo he mandado por correo.
Ana: No me dijo nada. No lo habría recibido aún cuando hablé con ella.
Roberto: Sí, seguro. Si no, me habría llamado.

Das *condicional compuesto* wird mit dem Hilfsverb ____________________ im ____________________ ____________________ und dem Partizip Perfekt gebildet. Es wird gebraucht um einen nicht ____________________ Wunsch, eine nicht eingetretene Möglichkeit oder eine Vermutung über ein Ereignis in der Vergangenheit auszudrücken.

b Traduce.

1. Ich hätte das nicht gemacht.

____

2. Hättest du das gewusst?

____

3. Wäre er mit uns mitgekommen?

____

4. Wir hätten die Wohnung putzen müssen.

____

5. Ihr hättet viel Geld verdient.

____

6. Sie wären lieber mit dem Auto nach Spanien gefahren.

____

10 Si no, habríamos esperado

Bildung und Gebrauch des *condicional compuesto* ▶ LA5 §12, LV3 §6

a Relaciona las frases según el sentido.

1 No sabíamos a qué hora volvías del trabajo.	A Si no, habría tenido que vender la casa y el coche.
2 Hace dos horas que llegó el avión a Londres y tu padre todavía no ha llamado.	B ¿Tú le habrías dicho la verdad?
3 Me habría gustado salir contigo ayer.	C Si no, habríamos esperado para cenar contigo.
4 ¡Qué pena que hubo una tormenta tan fuerte el fin de semana!	D Sí, a mí también, pero tenía que estudiar para un examen.
5 El sábado salí con otro chico, pero no le dije nada a mi novio.	E Sí, es verdad. Si no, Diego y Clara habrían hecho una excursión en bicicleta.
6 Por suerte mi padre encontró un trabajo.	F No te preocupes, mamá. Seguro que está bien, si no te habría llamado.

(1 → C)

b Completa las frases en el condicional compuesto utilizando una de las posibilidades que tenga sentido.

irse con su novia a la playa | comprarte un regalo | no ir a la fiesta | conducir sola aquella noche | jugar al fútbol con los amigos

1. Ayer llovió todo el día. Si no, nosotros *habríamos jugado al fútbol con los amigos.*
2. Perdóname, pero no tenía más dinero. Si no, ______________________________
____
3. Pedro tuvo que trabajar durante las vacaciones. Si no, ______________________________
____
4. Todavía no tienes 18 años. Si no, ______________________________
____
5. Las chicas se compraron todas vestidos nuevos. Si no, ______________________________
____

11 Yo, en su caso, no me habría ido sola.

Bildung und Gebrauch des *condicional compuesto*
▶ LA5 §12, LV3 §6

Di el contrario de las frases según el modelo.

	Ejemplo: Mi hermana se fue sola de vacaciones a China.	*Yo, en su caso, no me habría ido sola/solo.*
1.	Los padres de mi amigo le permitieron[1] salir hasta muy tarde.	Mis padres, en cambio, ______ ______
2.	Nuestro vecino gastó treinta mil euros en un coche nuevo.	Vosotros no ______ ______, ¿verdad?
3.	Nosotros fuimos a jugar al fútbol aunque llovía y había mucho viento.	Yo, en vuestro lugar, ______ ______
4.	El hombre abandonó a su perro.	Tú no ______, ¿verdad?
5.	Los jóvenes condujeron demasiado rápido.	Mis amigos ______ ______
6.	Nuestros novios fueron al cine a ver una película de terror.	Nosotras, en cambio, nunca ______ ______
7.	Mi compañero de clase utilizó chuletas[2] durante el examen.	Yo no ______ ______

[1] **permitir** erlauben – [2] **la chuleta** *(ugs.)* der Spickzettel

Der *subjuntivo*

12 Haya ido, haya ganado

Bildung und Gebrauch des *pretérito perfecto de subjuntivo* ▶ LA5 §5; LV3 §4

Conjuga los verbos *ir* y *ganar* en el pretérito perfecto de subjuntivo.

	ir	**ganar**
(yo)		
(tú)		
(él, ella, usted)		
(nosotros, nosotras)		
(vosotros, vosotras)		
(ellos, ellas, ustedes)		

13 Explica la diferencia

Bildung und Gebrauch des *pretérito perfecto de subjuntivo* ▶ LA5 §5; LV3 §4

Lee los diálogos y completa la regla.

¿Viene tu novio al concierto?

No sé, espero que venga.

¿Ha aprobado[1] tu novio el examen?

No sé, espero que lo haya aprobado.

Man verwendet *presente de subjuntivo*, wenn der Hauptsatz im ______________________ oder Perfekt steht und die Handlung sich auf die Gegenwart oder Zukunft bezieht.

Pretérito perfecto de subjuntivo wird verwendet, wenn das einleitende Verb im Hauptsatz den *subjuntivo* verlangt und im Präsens oder ______________________ steht und der Nebensatz sich auf etwas ______________________ bezieht.

[1] **aprobar el examen** die Prüfung bestehen

14 No, no creo que…

Bildung und Gebrauch des *pretérito perfecto de subjuntivo* ▶ LA5 §5; LV3 §4

a Contesta las preguntas con el presente o el perfecto de subjuntivo, según el sentido.

1. — ¿Crees que Isabel irá sola a Madrid?

   — No, no creo que ______________________________

2. — ¿Ha visitado tu hermano ya La Alhambra en Granada?

   — No, es una lástima que ______________________________

3. — ¿Han mandado tus primos ya el regalo a su madre?

   — No sé, pero es probable que ______________________________

4. — ¿Jugamos al fútbol? Ya no estoy enfermo.

   — Sí, ¡qué buena idea! Me alegro de que ______________________________

5. — ¿Todavía no has visto esta película?

   — No, pero es posible que la ______________________________ esta noche.

6. — Papá, ¿le gustaron a mamá las flores que le has traído?

   — No sé, espero que ______________________________

b Completa las frases con los verbos indicados en pretérito perfecto de subjuntivo.

1. No creo que tú ______________________________ **(ganar)** la lotería.
2. Es una lástima que mis padres ______________________________ **(estar)** enfermos y no ______________________________ **(poder)** ir al campo el fin de semana pasado.
3. Me alegro de que Inés ______________________________ **(aprobar)** el examen[1].
4. Es posible que mis amigos ______________________________ **(llegar)** demasiado tarde a la fiesta.
5. Espero que al final, todo ______________________________ **(terminar)** bien.
6. No conoce a nadie que ______________________________ **(estar)** en Venezuela.
7. Es imposible que mis hijos ______________________________ **(gastar)** todo el dinero.

[1] **aprobar (-ue-) el examen** die Prüfung bestehen

15 Quizás, quizás, quizás

Bildung und Gebrauch des *pretérito perfecto de subjuntivo* ▶ LA5 §5; LV3 §4

Vives con tus amigos en un piso compartido[1]. Hoy es el cumpleaños de Ana y le habéis preparado una fiesta sorpresa[2]. Pero Ana no vuelve a casa. ¿Qué le ha pasado? Cada chico/a piensa en una cosa distinta. Forma frases con *quizás* y perfecto de subjuntivo.

[1] **el piso compartido** die Wohngemeinschaft (WG) – [2] **la fiesta sorpresa** die Überraschungsparty

16 Descubrir y formar

Bildung des *pretérito imperfecto de subjuntivo* ▶ LA5 §6; LV3 §8

a Forma primero el indefinido y luego el imperfecto de subjuntivo.

infinitivo		tercera persona plural en indefinido		imperfecto de subjuntivo
hablar	→	hablaron	→	que yo hablara
poder	→	______________________	→	que él ______________________
tener	→	______________________	→	que nosotros ______________________
ser	→	______________________	→	que ellos ______________________
haber	→	______________________	→	que tú ______________________
poner	→	______________________	→	que vosotros ______________________
estar	→	______________________	→	que yo ______________________
seguir	→	______________________	→	que ella ______________________

b Completa la regla.

Der Stamm des *imperfecto de subjuntivo* wird von der 3. Person Plural des ______________________ abgeleitet. An den Stamm werden die Endungen *-ra*, __________, *-ra*, __________, __________, *-ran* angehängt.

17 ¿Cuál es la forma correcta?

Bildung des *pretérito imperfecto de subjuntivo* ▶ LA5 §6; LV3 §8

Haz una cruz al lado del verbo que está en el imperfecto de subjuntivo.

1. ☐ cenábamos ☐ cenaremos ☐ cenáramos
2. ☐ hablaran ☐ hablaron ☐ hablen
3. ☐ fuéramos ☐ fuimos ☐ fueron
4. ☐ comiste ☐ comías ☐ comieras
5. ☐ estuvisteis ☐ estuvierais ☐ estabais
6. ☐ hubo ☐ había ☐ hubiera

18 Más formas

Bildung und Gebrauch des *pretérito imperfecto de subjuntivo* ▶ LA5 §6, 7; LV3 §8, 9

a Completa el crucigrama con las formas correctas del imperfecto de subjuntivo.

1. poder/tú 2. ser/él 3. hacer/vosotros 4. seguir/nosotros 5. ir/yo 6. haber/ellos 7. poner/él 8. comer/yo 9. estar/vosotras 10. tener/tú

				1			D									
				2			E									
				3			C									
					4		I									
			5				R									
						6	H									
7							A									
						8	C									
9							E									
	10						R									

b ¿Qué forma del verbo en pretérito imperfecto de subjuntivo falta en cada frase? Busca los verbos y formas adecuados en el crucigrama y completa las frases.

desearía que
nos gustaría que + *imperfecto de subjuntivo*

1. Mi madre desearía que vosotros le ______________________ un favor.
2. El médico desearía que yo ______________________ menos porque tengo que bajar de kilos.
3. Me gustaría que tú ______________________ menos trabajo.
4. Desearía que tú ______________________ ayudarme.
5. Me gustaría que Paco ______________________ un poco más inteligente.
6. No nos gustaría que ______________________ enfermas.

19 Me encantaría que mi marido fuera rico

Bildung und Gebrauch des *pretérito imperfecto de subjuntivo*
▶ LA5 §6, 7; LV3 §8, 9

Lee el ejemplo y completa la regla para el uso del imperfecto de subjuntivo. Después forma frases en condicional e imperfecto de subjuntivo según el modelo.

Ejemplo:

Me encanta que mi marido sea rico.

Me encantaría que mi marido fuera rico.

Imperfecto de subjuntivo wird im Nebensatz verwendet, wenn das Verb im Hauptsatz einen Wunsch ausdrückt

und im ______________________________ steht.

1 ¡Quiero que sepas cuánto te quiero!

¡ ______________ que

____

cuánto te quiero!

2 Me gusta que me ayudes.

____

____

3 Deseo que hagáis los deberes.

____

____

20 Si lo hicierais, estaríamos más felices

Gebrauch des *pretérito imperfecto de subjuntivo*
▶ LA5 §7, 14; LV3 §9, 11

a Subraya las formas del imperfecto de subjuntivo y completa la regla.

Wenn eine Bedingung in der Gegenwart nicht erfüllbar ist, verwendet man den irrealen Bedingungssatz der Gegenwart. Der Hauptsatz steht dabei im ______________________ und der Nebensatz (*si*-Satz) im ______________________.

b Completa el siguiente texto con las formas correctas de los verbos *decir* o *hacer* en el imperfecto de subjuntivo.

—¡Desearía que mis alumnos ______________ siempre sus deberes!

—¡Yo también tengo el mismo problema!

— Si mis alumnos me ______________ por qué a veces hacen los deberes y a veces no, podríamos resolver el problema…

— Creo que mis alumnos no quieren trabajar los fines de semana.

— ¿Y si les ______________ que no vas a volver a poner deberes los lunes?

— ¡Buena idea! Podría decir: «Me gustaría que ______________ siempre vuestros deberes. Entiendo que el lunes es un mal día, así que os propongo olvidarnos del lunes. A cambio, debéis hacer los deberes siempre durante la semana».

— Yo también voy a probar este sistema…

Si mis estudiantes ______________ eso, podría funcionar bien.

21 ¡Desearía que fuera otro día!

Bildung und Gebrauch des *pretérito imperfecto de subjuntivo*
▸ LA5 §6, 7; LV3 §8, 9, 11

Completa las frases utilizando el imperfecto de subjuntivo.

A

Penélope: Hola, Marisa. ¿Qué tal?

Marisa: Hola, Penélope. Estoy bastante preocupada. No entiendo nada de física, y mañana tenemos un examen. ¡Desearía que ____________________ (ser) otro día!

Penélope: ¿Y qué harías si la profesora ____________________ (cambiar) la fecha del examen?

Marisa: No sé… Me gustaría que alguien ____________________ (poder) explicarme los ejercicios.

Penélope: Si yo ____________________ (tener) tiempo, te ayudaría.

B

Madre: Hija, ¿por qué me has mentido? Querría que me ____________________ (pedir) perdón y que no lo ____________________ (volver) a hacer.

Hija: Mamá, yo desearía que tú ____________________ (ponerse) en mi lugar. ¿Qué harías si ____________________ (estar) en la misma situación?

Madre: Eso no es una excusa. ¿Y si ya nadie más te ____________________ (creer)?

C

Paco: Rubén, ¿cómo te ha ido con la entrevista de trabajo?

Rubén: Espero que bien, Paco. Estaría muy contento si me ____________________ (llamar) el jefe pronto y me ____________________ (decir) si tengo el trabajo.

Paco: ¡Yo también! Me encantaría que ____________________ (ser) mi compañero del trabajo.

Rubén: Sí, sería fenomenal. Si ____________________ (haber) una posibilidad de saber lo que piensa…

22 No quería que te fueras

Bildung und Gebrauch des *pretérito imperfecto de subjuntivo*
▸ LA5 §6, 7; LV3 §8, 9, 13, 14

Elige la forma correcta y márcala con una cruz. Después completa la regla.

1. Mi padre no creía que ☐ encontrara ☐ encuentre un nuevo trabajo.
2. Deseábamos que lo ☐ pasarais ☐ pasáis bien.
3. Se alegraban de que todos los compañeros ☐ vinieran ☐ vengan a su fiesta.
4. Me pareció bien que ☐ estudiaba ☐ estudiara más.
5. La empresa buscaba a una secretaria que ☐ supo ☐ supiera alemán, inglés y francés.
6. Era fantástico que me ☐ pudieran ☐ podían ayudar.
7. El profesor explicó otra vez la gramática para que todos la ☐ comprendían ☐ comprendieran bien.

Imperfecto de subjuntivo wird im Nebensatz verwendet, wenn das einleitende Verb den *subjuntivo* verlangt und in einem Tempus der ____________________ oder im *condicional* steht. Außerdem steht er nach *para que*, ____________________, ____________________ sowie in ____________________, die einen Wunsch ausdrücken oder sich auf Unbekanntes beziehen.

23 No quería que hicieras...

Bildung und Gebrauch des *pretérito imperfecto de subjuntivo*
▶ LA5 §6, 7; LV3 §8, 9, 13, 14

Transforma las siguientes frases al pasado. Usa el imperfecto y el pretérito imperfecto de subjuntivo.

1

Buscamos un hotel que tenga piscina y esté cerca del centro.

Buscábamos un hotel ______________________

____

2

Quizá no haya suficiente trabajo. Las cosas andan mal en este país.

____

____

3

Mi padre no cree que lleguemos antes de la cena.

____

____

4

Preparo una tarta antes de que vengan los invitados.

____

____

5

Propone que salgamos a dar un paseo.

____

____

24 Venga, viniera

Bildung und Gebrauch des *pretérito imperfecto de subjuntivo*
▶ LA5 §6, 7; LV3 §8, 9, 13, 14

a Ordena los siguientes verbos en las columnas correspondientes.

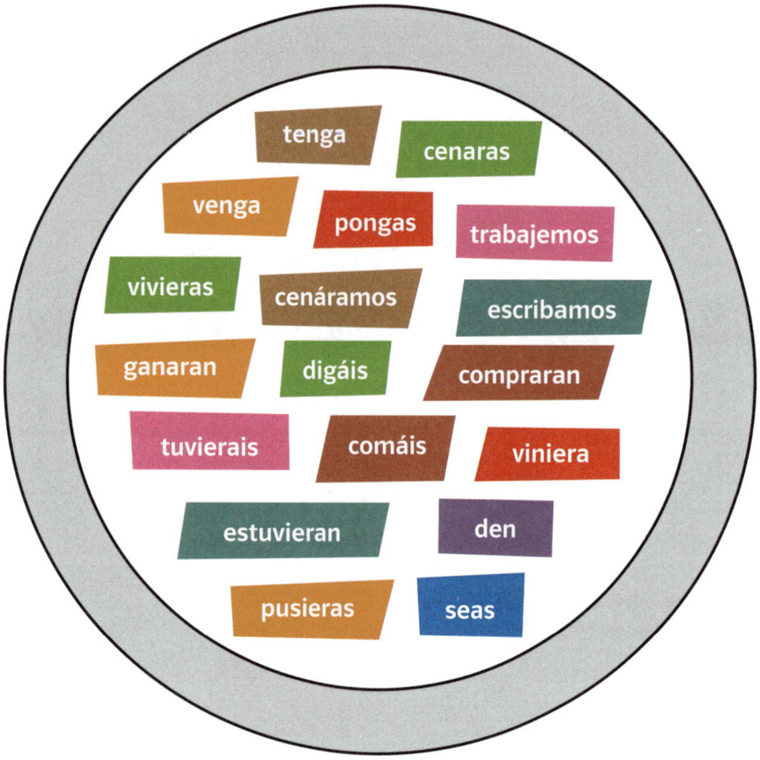

verbos en presente de subjuntivo

verbos en imperfecto de subjuntivo

b ¿Presente o imperfecto de subjuntivo? Marca la respuesta correcta utilizando el presente o el imperfecto de subjuntivo.

1. Quiero que me ☐ dijeras ☐ digas ☐ dices la verdad.
2. Mis padres no querían que ☐ volviera ☐ vuelva ☐ vuelvo tarde.
3. No creo que Antonio Banderas ☐ fuera ☐ sea ☐ es un mal actor.
4. Lo llamé para que ☐ viniera ☐ venga ☐ viene a mi casa aquella noche.
5. Me gustaría que ☐ hicierais ☐ hagáis ☐ hacéis menos ruido.
6. Mi hermano no puede hacer los deberes sin que yo lo ☐ ayudara ☐ ayude ☐ ayudo todos los días.
7. Los llamé para que ☐ supieran ☐ sepan ☐ saben qué hacer.
8. ¡Ojalá no ☐ lloviera ☐ llueva ☐ llueve esta tarde!

25 Hubieras puesto...

Bildung des *pretérito pluscuamperfecto de subjuntivo* ▶ LA5 §13; LV3 §10

Completa la tabla con las formas verbales adecuadas y completa la regla.

pretérito pluscuamperfecto	pretérito pluscuamperfecto de subjuntivo
había tomado	
	hubieras puesto
había dicho	
	hubiéramos ido
habíais tomado	
	hubieran entendido

Das *pretérito pluscuamperfecto de subjuntivo* wird gebildet mit dem Hilfsverb ______________________

im ____ und dem Partizip Perfekt.

26 ¿Qué hubierais hecho?

Bildung des *pretérito pluscuamperfecto de subjuntivo* ▶ LA5 §13; LV3 §10

Completa las frases con los verbos correctos.

hubiera gustado **hubiéramos comprado** **hubiera salido**
hubieras dicho **hubieran puesto** **hubierais escrito**

1. Nosotros ____ un coche más grande.
2. A mí me ____ ir de vacaciones con vosotros.
3. En su lugar tú ____ lo mismo.
4. Yo no ____ tan tarde sola.
5. ¿Vosotros le ____ una carta?
6. Ellos ____ la mesa antes de comer.

27 Formas escondidas

Bildung des *pretérito pluscuamperfecto de subjuntivo* ▶ LA5 §13; LV3 §10

En la serpiente hay cuatro formas en pretérito pluscuamperfecto de subjuntivo.
Descúbrelas y anótalas con el pronombre personal.

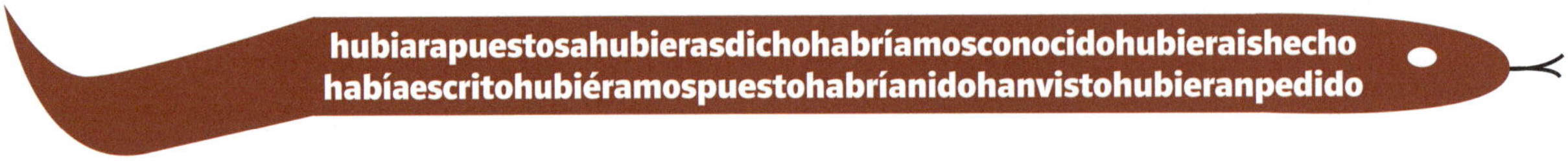

______________________________ ______________________________

______________________________ ______________________________

28 En tu caso...

Bildung des *pretérito pluscuamperfecto de subjuntivo* ▶ LA5 §13; LV3 §10

Cristina le cuenta a su madre todas las cosas malas que le han pasado hoy. Anota lo que hubiera hecho la madre con la ayuda de las palabras indicadas.

1 – Hoy por la mañana me he despertado demasiado tarde porque mi despertador no funcionaba.

– Yo, en tu caso, ______________________________ ______________________ (poner dos despertadores).

2 – Después, en el instituto, la profesora de matemáticas nos ha dado un examen demasiado difícil.

– Yo, en tu caso, ______________________________ ______________________________ (estudiar más).

3 – Cuando he salido del instituto, he visto a mi novio que ha hablado con otra chica y me he enfadado. Pero él no me ha comprendido y se ha ido.

– Yo, en su caso, te ______________________________ ______________________________ (pedir perdón).

4 – Y ahora, como estoy muy triste, te he llamado.

– Ah, sí… Yo, en tu caso, ¡ ______________________________ ______________________________ (hacer lo mismo)!

29 Discusiones

Bildung des *pretérito pluscuamperfecto de subjuntivo* und Gebrauch im irrealen Bedingungssatz ▶ LA5 §13, 14; LV3 §10, 11

a Subraya las formas del pretérito pluscuamperfecto de subjuntivo. Luego completa la regla.

Das *pretérito pluscuamperfecto de subjuntivo* wird im irrealen Bedingungssatz der Vergangenheit im

____

verwendet.

b Esteban está enfadado con su novia Rosalía porque ayer salió con Juan Pablo. Forma frases con la ayuda de los dibujos.

1

Rosalía: Si ______________________________ ____________________ (llamarme más temprano), habría ido contigo a bailar.

2

Esteban: Si ______________________________ ____________________ (quedarte sola en casa), no tendríamos tantos problemas.

3

Rosalía: ______________________________ ____________________ (no discutir la noche anterior), me habría quedado en casa.

4

Esteban: Si no ______________________________ ____________________ (salir con Juan Pablo), ahora estaría más tranquilo.

30 Todos están enfadados con Miguel

Bildung des *pretérito pluscuamperfecto de subjuntivo* und Gebrauch im irrealen Bedingungssatz ▶ LA5 §13, 14; LV3 §10, 11

a Completa las frases con el pretérito pluscuamperfecto de subjuntivo.

Papá: Si yo te ______________________ (dejar) ir solo de vacaciones, ahora tu madre estaría enfadada conmigo.

Mamá: Si tu novia no nos ______________________ (decir) una mentira, este mes te daríamos tu paga[1].

Novia: Si no me ______________________ (convencer) de decirles una mentira a tus padres, ahora hablarían conmigo.

Hermano: Si tú y tus amigos no ______________________ (irse) tan lejos, nuestros padres no se habrían preocupado tanto.

Amigos: Si tus padres ______________________ (hablar) con nuestros padres, ahora no tendríamos tantos problemas.

Abuela: Miguel, si no ______________________ (gastar) tanto dinero en la discoteca, podrías ir al cine esta noche.

b Traduce.

1. Hättest du mir das (nur) vorher gesagt!

____

2. Wenn ich das gewusst hätte!

____

3. Hättet ihr das (nur) gestern schon gemacht!

____

4. Wenn wir (doch) zu Hause geblieben wären!

____

5. Wenn du (doch) mehr gelernt hättest!

____

[1] **la paga** das Taschengeld

31 ¿Subjuntivo o indicativo?

Der Gebrauch des *imperfecto de subjuntivo* nach Konjunktionen, Adverbien und in Relativsätzen ▶ LA5 §7; LV3 §14

Completa cada frase con la forma y el tiempo correctos en indicativo o subjuntivo.
Después completa la regla.

1. El equipo de música que los chicos ______________________ **(necesitar)** está roto.

   Ahora buscan uno que ______________________ **(funcionar)**.

2. En Barcelona, mi tío fue a ver todo lo que ______________________ **(querer)** ver.

3. El pantalón que me ______________________ **(regalar)** mi mamá ayer es demasiado grande.

   Ahora lo cambiaré por uno que ______________________ **(ser)** más pequeño.

4. En nuestro grupo no había nadie que ______________________ **(saber)** hablar francés.

5. ¿Dónde has puesto el libro que te ______________________ **(dar)** la semana pasada?

   Lo necesito para un trabajo que ______________________ **(tener)** que entregar[1] mañana.

6. El señor con el que ______________________ **(vosotros/hablar)** en las vacaciones sabía muy bien español.

7. Quiero conocer a alguien que ______________________ **(saber)** cocinar.

8. Nuestro coche ya era muy viejo. Tuvimos que comprar uno que ______________________ **(ser)** más nuevo y más bonito.

> *Imperfecto de subjuntivo* und *presente de subjuntivo* werden in Relativsätzen verwendet, die einen ______________________ ausdrücken oder sich auf etwas ______________________ beziehen.

[1] **entregar** abgeben, abliefern

32 ¡Desearía que no hubiera tantas reglas de gramática!

Bildung und Gebrauch des *presente de subjuntivo* und *pretérito imperfecto de subjuntivo*
▶ LA5 §6, 7; LV3 § 8, 9, 13, 14

Pon las palabras en el orden que den sentido.

que • comprendieras • desearía • me

1. ______________________________

pareció • que • fuerais • mal • me • os • temprano • tan

2. ______________________________

eso • no • que • es • haya • hecho • posible

3. ______________________________

jardín • una • que • queremos • casa • tenga • comprar

4. ______________________________

hermano • Mallorca • deseaba • que • hiciera • tiempo • mi • en • buen

5. ______________________________

bien • ojalá • llegado • hayan

6. ______________________________

el • me • dinero • gustaría • devolvierais • que • me

7. ______________________________

España • quizá • este • viajemos • a • verano

8. ______________________________

te • apenas • llamaré • llegue

9. ______________________________

Indikativ und *subjuntivo* in adverbialen Nebensätzen

33 ¿Indicativo o subjuntivo?

Der Gebrauch des Indikativs und des *subjuntivo* in adverbialen Nebensätzen
▶ LA5 §3; LV3 §2

Hay conjunciones que se utilizan con el indicativo, otras con el subjuntivo, y también existen otras que se utilizan con ambos, indicativo o subjuntivo, según el significado. Ordénalas en la tabla.

así que   a fin de que   mientras   aunque
como   hasta que   cuando   para que
de modo/forma que   a pesar de que
ya que   siempre que   porque
antes de que

con indicativo	con subjuntivo	con indicativo o subjuntivo

34 Siempre que, para que, así que, aunque y otras conjunciones

Der Gebrauch des Indikativs und des *subjuntivo* in adverbialen Nebensätzen ▶ LA5 §3; LV3 §2

a Completa la regla.

Nach temporalen, konzessiven und konsekutiven Konjunktionen folgt der ______________________,
wenn sich die Handlung des Nebensatzes auf etwas Zukünftiges bzw. Unsicheres oder noch nicht Bekanntes bezieht.

Nach *a fin de que* und ______________________ steht immer der *subjuntivo*.

b Completa las frases con la conjunción correcta.

aunque · siempre que · porque · antes de que · así que · para que · hasta que

1. Tienes que estudiar ______________________ mañana tienes un examen.
2. Ya es muy tarde, ______________________ me voy a dormir.
3. Tienes que hacer las compras ______________________ cierren el supermercado.
4. ______________________ viene mi nieto, me deja la casa hecha un desastre.
5. Te he regalado dinero ______________________ puedas comprarte algo bonito.
6. ______________________ no lo puedas creer, he aprobado[1] el examen.
7. Mi hermana va a buscar trabajo ______________________ encuentre un trabajo que esté bien pagado.

[1] **aprobar** bestehen

35 Cuando vayas a España...

Der Gebrauch des Indikativs und des *subjuntivo* in adverbialen Nebensätzen ▶ LA5 §3; LV3 §2

Ana va de au-pair a Madrid. Su madre le da consejos. Busca la relación entre las frases de la derecha y de la izquierda. Completa las frases con la forma correcta del indicativo o del subjuntivo y anota la letra en la casilla correspondiente.

1	c	Cuando tú ______ (ir) a España,
2	☐	Te escribo la dirección de la familia González
3	☐	Antes de que te ______ (ir),
4	☐	Aunque ______ (creer) que es muy difícil vivir en España,
5	☐	Ya que has reservado el vuelo,
6	☐	Hasta que no me ______ (llamar) desde Madrid,

a. vamos a hacer una fiesta de despedida.

b. no estaré tranquila.

c. vivirás en casa de la familia González.

d. para que ______ (encontrar) la casa en Madrid.

e. vas a vivir una experiencia muy interesante.

f. tendrías que informar a los González cuándo ______ (llegar).

36 La conjunción y el modo correctos

Der Gebrauch des Indikativs und des *subjuntivo* in adverbialen Nebensätzen ▶ LA5 §3; LV3 §2

Marca con una cruz la conjunción o el modo del verbo correcto.

1. Voy a leer hasta que ☐ vengas ☐ vienes .
2. ☐ Siempre que ☐ Para que estudies dos horas de español por día, hablarás correctamente en el futuro.
3. A fin de que usted ☐ comprende ☐ comprenda mi situación, le voy a explicar los motivos.
4. ☐ Cuando ☐ Mientras vayas a Valencia, no te olvides de visitar el Museo de Cerámica.
5. Ya ha llegado tu e-mail, de modo que ☐ pueda ☐ puedo decidir adónde voy de vacaciones.
6. ☐ Para que ☐ Porque puedas hacer bien este ejercicio, tienes que aprender la regla.

37 Una ciudad andaluza

Der Gebrauch des Indikativs und des *subjuntivo* in adverbialen Nebensätzen
▶ LA5 §3; LV3 §2

¿De qué ciudad se trata? Descúbrela escribiendo el verbo en indicativo o subjuntivo en el crucigrama.
Si todo está correcto, puedes leer el nombre de la ciudad en las casillas oscuras.
Busca la ciudad en el mapa de Andalucía y pon el acento.

Visitaremos esta ciudad tan bonita aunque no **1** (juntar) suficiente dinero para poder alojarnos en el parador[1]. Vamos aver, por ejemplo, los patios andaluces, porque todos siempre **2** (hablar) de ellos. Iremos a la plaza de toros para que tú **3** (ver) una corrida[2]. Cuando **4** (encontrar) esta ciudad, escucharemos música flamenca. ¡Olé!

				1								
			2									
			3									
4												

La ciudad se llama ______________________________ .

[1] **el parador** das Hotel – [2] **una corrida** ein Stierkampf

38 Me parecía que no me querían

Der Gebrauch des Indikativs und des *subjuntivo* in adverbialen Nebensätzen sowie die Bildung und der Gebrauch des *pretérito imperfecto de subjuntivo*

► LA5 §3, 6, 7; LV3 §2, 8, 9, 13, 14

a Completa el texto del diario en presente de indicativo o presente de subjuntivo empleando los verbos indicados.

comer | ser (2 x) | querer | dormir | poder | tener (2 x) | hacer

Hoy otra vez he discutido con mis padres. Me parece que no me ______________. Siempre quieren que yo ________ una persona que no ____________.
Tengo por ejemplo pelo largo, pero ellos prefieren que ______________ pelo corto. ¡Y no sólo eso!
Siempre me dicen que mientras ______________ y ______________ en su casa, tengo que ______________ lo que ellos quieren. Esto no puede seguir así ... Yo no puedo esperar hasta que ______________ 18 años y ______________ irme de casa.

Ana, 21 de julio de 2007

b En el año 2011, Ana lee su diario y le cuenta a su amiga lo que había escrito en aquella época. Transforma las frases del ejercicio **a** al pasado. Empieza así:

Hace cuatro años, había discutido con mis padres. Me parecía que no me ______________

Futur II

39 ¿Lo habrá hecho?

Bildung und Gebrauch des Futur II ▶ LA5 §21; LV3 §24

a Lee las frases y subraya las formas del futuro compuesto. Luego completa la regla de formación. Después decide qué frase (1 ó 2) corresponde con qué uso del futuro compuesto. Anota el número correspondiente en la casilla.

1

Juan ha viajado a Perú. Creo que habrá visitado Machu Picchu y el Lago de Titicaca.

2

Dentro de un año habré hecho los exámenes.

Das *futuro compuesto* wird gebildet mit dem Hilfsverb ____________________ im ____________________

und dem Partizip ____________________.

Es wird gebraucht,

a. ☐ um Handlungen wiederzugeben, die abgeschlossen sein werden, wenn eine andere neue Handlung in der Zukunft eintritt;

b. ☐ um eine Vermutung in Bezug auf etwas Vergangenes auszudrücken.

b Completa las frases con el futuro compuesto.

1. Hoy a las 3:00 mis hijos y yo ya ____________________ (comer).

2. Mañana a las 12:00 mis hijos ya ____________________ (volver) a casa.

3. En 20 años muchos de mis amigos ya ____________________ (abandonar) la ciudad.

4. En 50 años yo ya ____________________ (dejar) de trabajar.

40 ¿Habrá salido…?

Bildung und Gebrauch des Futur II ▸ LA5 §21; LV 3 §24

Forma preguntas y respuestas con las palabras indicadas según el ejemplo. Usa el futuro compuesto.

Ejemplo:

salir | tu abuelo | ya | hospital ¿? | seguro que | salir | hoy por la mañana

—¿Habrá salido ya tu abuelo del hospital?

—Seguro que habrá salido hoy por la mañana.

1. volver | los vecinos | de las vacaciones ¿? | con seguridad | volver | la semana pasada

2. dónde | poner | papá | el dinero ¿? | lo | poner | en la caja

3. qué | pasar ¿? | seguro que | llover

4. por qué | no | pedir ayuda | antes | Julio y Ana | a sus amigos ¿? | porque | hablar | primero | con sus padres

5. nevar | ayer | en las montañas ¿? | sí, pero también | salir | el sol

41 ¿Qué habrá pasado en un año?

Bildung und Gebrauch des Futur II ▶ LA5 §21; LV3 §24

¿Qué piensa Carlos de su futuro? Forma frases según el modelo con la ayuda de las palabras indicadas.

- aprobar[1] todos los exámenes
- mi padre me aumenta la paga[2]
- conocer a una chica bonita
- la chica y yo vamos juntos de vacaciones
- mis amigos me eligen capitán de nuestro equipo de fútbol
- mi hermana se va a estudiar fuera y me deja su habitación
- mis abuelos me regalan un coche
- tener éxito con nuestro grupo de música

En un año habré aprobado todos los exámenes.

[1] **aprobar (-ue-)** bestehen – [2] **la paga** das Taschengeld

42 ¿Futuro simple o futuro compuesto?

Bildung und Gebrauch des Futur II ▶ LA5 §21; LV3 §24

Completa las frases con futuro simple o futuro compuesto.

1. Hoy no puedo, pero mañana te ______________________ **(ayudar)** con tu trabajo de física.
2. No sé si ya ______________________ **(llegar)** mis padres de sus vacaciones.
3. Cuando tenga 30 años, Penélope ya ______________________ **(casarse)** con un hombre muy rico.
4. ¿Tú todavía me ______________________ **(querer)** cuando seamos viejos?
5. Vosotros ______________________ **(tener)** que hacer vuestros deberes otra vez. Hay muchos errores.
6. En el futuro los coches ______________________ **(funcionar)** con energía solar.
7. El año pasado, Miguel y Marta viajaron a París. ¿______________________ **(subir)** a la Torre Eiffel?
8. En el año 2020, ¿los alumnos ______________________ **(estudiar)** por Internet?

43 ¿Qué habrá pasado?

Bildung und Gebrauch des Futur II ▶ LA5 §21; LV3 §24

Marisa y Sofía están chateando. Completa las frases con el verbo correcto en futuro simple o futuro compuesto.

decir | pasar | acompañar | tener (2x) | arreglar | visitar | llamar | estar

Marisa: Hola, Sofía, ¿qué tal? ¿Sabes algo de Eduardo?

Sofía: No… ¿Qué ______________________?

Marisa: Dicen que se rompió una pierna.

Sofía: Uuhh… pobre… ¿ ______________________ un accidente?

Marisa: Eso es muy probable… Y si fue con su coche entonces ______________________ que llevarlo al taller también y se lo ______________________.

Sofía: ¿Qué ______________________ sus padres?

Marisa: Bueno, ______________________ muy preocupados, pienso.

Sofía: Sí, yo también. Hoy por la tarde lo ______________________ y si es posible lo ______________________ en el hospital.

Marisa: Yo te ______________________, Sofía.

Sofía: Bueno, vale. Hasta luego.

Pretérito anterior

44 ¡A descubrir!

Bildung und Gebrauch des *pretérito anterior* ▶ LV3 §25

a Subraya en el siguiente texto las formas del pretérito anterior.

Cuando la conocí aquel verano en Venecia nunca pude saber si había amado a otro hombre antes. Apenas hube pensado en sus posibles romances, preferí no preguntar e imaginé ser el primero... Pero apenas ella hubo cruzado la calle, la besé con toda mi pasión.

Ayer salimos a bailar. Apenas entré en la discoteca, la vi a Laura. Estaba con otro chico. Pero apenas el chico se había ido, la cogí a Laura del brazo y le di un beso.

b Completa la regla.

Das *pretérito anterior* wird mit dem Hilfsverb haber im ______________________ und dem ______________________ gebildet.

Anstatt des *pretérito anterior* wird heutzutage in der Regel ______________________ oder ______________________ verwendet.

c Transforma las siguientes frases empleando el pretérito pluscuamperfecto o el pretérito indefinido.

1. Apenas hube terminado de estudiar, empecé a ver la tele.

   → ______________________

2. Los padres se fueron apenas los niños se hubieron dormido.

   → ______________________

3. Después de que os hubisteis marchado, salió el sol.

   → ______________________

45 Se busca...

Passiversatz mit dem Pronomen *se* ▶ LA4 §3, LA5 §16; LV3 §16

a Lee las frases y completa la regla.

Aktiv: Juan y María buscan un profesor de chino. S V O Passiv: Se busca un profesor de chino.	Die *passiva refleja* wird folgerndermaßen gebildet: *se* + Verb in der 3. Person Singular + Nomen im Singular, z. B. *Se habla alemán.* *se* + Verb in der 3. ______________ + Nomen im Plural, z. B. *Se hablan alemán y español.* Der Urheber bleibt ________________ oder ist unwichtig.

b Transforma las frases que están en voz activa a frases en pasiva refleja.

1. Quino dibujó la figura de Mafalda en 1963.

→ ____

____

2. Traductores han traducido este cómic a 26 idiomas.

→ ____

____

3. En 1973 Quino dejó de publicar las famosas historietas.

→ ____

____

c Conjuga los verbos de las siguientes frases en la tercera persona del singular o del plural en un tiempo del pasado.

1. En el cómic se ______________________ **(presentar)** temas políticos, sociales, familiares, etc.
2. En 1970, en España, se ____________________ **(lanzar)** el primer libro de Mafalda.
3. Se ______________________ **(poner)** temas políticos y feministas en ese primer libro para adultos.
4. En 1973 se ______________________________ **(ver)** en Alemania y Francia los primeros libros de Mafalda.
5. En 1990, en Taiwán, se __________________________ **(publicar)** ediciones piratas de Mafalda en idioma chino.

46 Se necesita…

Passiversatz mit dem Pronomen *se* ▶ LA4 §3, LA5 §16; LV3 §16

Traduce al alemán las siguientes frases típicas. Después relaciona estas frases con el lugar donde se encuentran normalmente. Hay varias posibilidades.

1. Se necesita secretaria.
   ____
2. Se habla español.
   ____
3. Se busca a Pedro Rodríguez Pelayo.
   ____
4. Se vende.
   ____

A. En una tienda.
B. En un restaurante.
C. En la comisaría.
D. En un periódico.
E. En una casa.

47 Se habla español – se hablan cuatro idiomas

Passiversatz mit dem Pronomen *se* ▶ LA4 §3, LA5 §16; LV3 §16

¿Cuánto sabes de España? ¡A ver! Escoge la forma correcta del verbo y marca si la frase es verdadera o falsa.

	verdadero	falso
1. En España ☐ se habla / ☐ se hablan cuatro idiomas.	☐	☐
2. Nunca ☐ se bebe / ☐ se beben vino a la hora de comer.	☐	☐
3. En Andalucía ☐ se come / ☐ se comen tapas.	☐	☐
4. En Valencia ☐ se toma / ☐ se toman horchata[1].	☐	☐
5. En los Pirineos ☐ se hace / ☐ se hacen deportes de invierno, por ejemplo esquiar.	☐	☐
6. En Granada ☐ se puede / ☐ se pueden visitar la Alhambra.	☐	☐
7. ☐ Se compra / ☐ Se compran chorizo en la carnicería.	☐	☐

[1] **la horchata** die Erdmandelmilch

48 ¿Cómo se hace?

Passiversatz mit dem Pronomen *se* ▶ LA4 §3, LA5 §16; LV3 §16

Mira las fotos y describe en una frase para cada paso cómo se hace guacamole con los verbos indicados. Utiliza en cada frase la pasiva refleja.

Receta del guacamole

cebolla dos aguacates[1]
limón tomate tres ajos

necesitar

Se ____________________

cortar el tomate, la cebolla y el ajo

quitar la piel, partir[2] y cortar

cortar y sacar zumo

poner todo junto y comer con nachos

[1] **el aguacate** die Avocado – [2] **partir** teilen

49 El pasivo ha sido aprendido

Das Passiv ▶ LA5 §15; LV3 §15

a Lee la frase que está en voz activa y transfórmala a la voz pasiva. Después completa la regla.

Vorgangspassiv
Frase activa:

En 1939	Paul	descubrió	las líneas de Nasca.
	S	V	O

Frase pasiva:

Subjekt	Verb *ser* + Partizip Perfekt	(______ + Urheber)

En 1939 ____

____

Das Partizip Perfekt ändert die Endung wie ein

______________ und richtet sich in

Geschlecht und ______________

nach dem ______________.

Der Urheber muss nicht genannt werden.

Wenn er genannt wird, wird er mit

____

angeschlossen.

b ¿Qué se corresponde? Busca las frases completas y relaciónalas con los dibujos.

1.	Las castañuelas	A	a) están formados por dos tambores[1] pequeños.	I
2.	La ocarina	B	b) están hechas de madera.	II
3.	Los bongoes	C	c) fue utilizada ya por los indios de Bolivia, Venezuela, Chile, entre otros.	III
4.	El origen de la guitarra	D	d) no es conocido.	IV

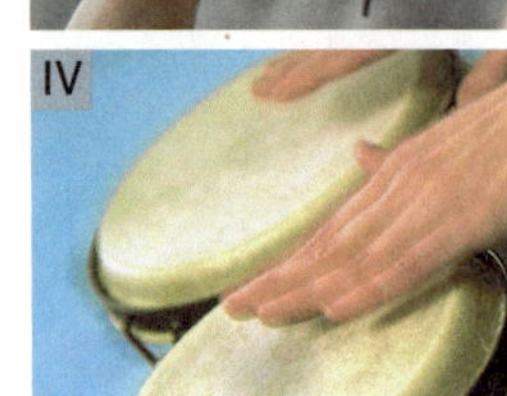

[1] **un tambor** eine Trommel

50 Fueron descubiertas

Das Passiv ▶ LA5 §15; LV3 §15

a Completa los participios de las siguientes frases pasivas.

1. No sé sabe realmente con qué fueron hech ___________ las líneas de Nasca.
2. Miles de turistas son atraid ___________ por las líneas.
3. Un alto precio es pagad ___________ para ver las líneas de Nasca.
4. Una de las líneas está concebid ___________ como una araña, otra como un mono.

b Transforma las frases que están en voz activa a frases en voz pasiva.

Kosok limpió el suelo y descubrió diversas figuras geométricas.

1. ______________________________

Más tarde Kosok vio las formas de pájaros y otros animales.

2. ______________________________

La investigadora alemana María Reich también estudió las líneas de Nasca.

3. ______________________________

Los antiguos astrónomos peruanos usaban estas líneas como calendario solar y lunar.

4. ______________________________

Hasta hoy se han encontrado más de 30 figuras en las Pampas de Nasca.

5. ______________________________

Lamentablemente el hombre destruye cada día más este maravilloso calendario.

6. ______________________________

51 El pasivo está aprendido

Das Passiv ▶ LA5 §15; LV3 §15

Lee las dos frases y tradúcelas. Después relaciona las fotos con las frases.
Ahora decide cuál es un *Zustandspassiv* y cuál un *Vorgangspassiv*. Márcala con una cruz.

A

B

Vorgangspassiv:
ser + Partizip Perfekt + (*por*)

Zustandspassiv:
__________ + __________
Der Urheber ist nicht relevant.

1. La cena **está** preparada.

____ a) ☐ Zustandspassiv b) ☐ Vorgangspassiv

2. La cena **es** preparada.

____ a) ☐ Zustandspassiv b) ☐ Vorgangspassiv

52 Muchas tiendas están cerradas

Das Passiv ▶ LA5 §15; LV3 §15

Forma frases.

verano • tiendas • todo • En • el • muchas • durante • España • están • cerradas

1. ____

están • todo • bares • durante • día • Los • abiertos • el

2. ____

de • todos • los • El • oliva • habitantes • es • aceite • consumido • por

3. ____

construida • Antonio • La • Familia • por • Gaudí • Sagrada • fue

4. ____

están • Los • terminados • deberes

5. ____

día • los • vienen • Reyes • El • es • el • enero • el • preparado • Magos • de • «roscón de reyes» • 6 • sólo • que

6. ____

53 **Está abierto o es abierto**

Das Passiv ▸ LA5 §15; LV3 §15

Mira los dibujos y escribe las frases correspondientes en *Zustandspassiv* o en *Vorgangspassiv*.
Escribe una frase para cada dibujo. Usa los verbos indicados.

construir | poner | escribir | abrir

1

2

3

4

5

6

7

8

Irreale Bedingungssätze

54 Si tuviera dinero, me compraría una casa. Irreale Bedingungssätze der Gegenwart ▸ LA5 §14; LV3 §11

a Mira las frases de la izquierda y las de la derecha. Ojo: el verbo o el sentido de la frase de la derecha se repite en la frase siguiente de la izquierda. Une con una línea las frases que van juntas y después completa la regla.

Der irreale Bedingungssatz der Gegenwart wird wie folgt gebildet:	
Nebensatz:	Hauptsatz:
Si + ______________________	condicional simple

1	Si fuera mayor,	A	ganaría dinero.
2	Si pudiera buscarme un trabajo,	B	me compraría un coche moderno.
3	Si ganara dinero,	C	sería rica.
4	Si fuera rica,	D	viajaría por todo el mundo.
5	Si me comprara un coche moderno,	E	tendría muchos amigos.
6	Si viajara por todo el mundo,	F	podría buscar un trabajo.

Der irreale Bedingungssatz der Gegenwart wird verwendet, um eine Bedingung zu nennen, die in der ______________________ nicht erfüllt ist.

Steht der *si*-Satz vor dem Hauptsatz, werden beide durch ein ______________________ getrennt.

b Mira los verbos en pretérito imperfecto de subjuntivo de la gramática del ejercicio 54 a, subráyalos, ponlos en la tabla y escribe su infinitivo. Después completa la regla y conjuga los verbos dados.

imperfecto de subjuntivo	infinitivo	conjugación en pretérito imperfecto de subjuntivo
____________	____________	______________________________
____________	____________	______________________________
____________	____________	______________________________
____________	____________	______________________________
____________	____________	______________________________

Der Stamm des *pretérito imperfecto de subjuntivo* wird von der ______________ Person Plural des *pretérito indefinido* abgeleitet.

c Completa las oraciones condicionales irreales con *ser*, *hacer*, *tener* o *estar*.

1. Si hoy ______________________________ frío, me pondría un jersey.
2. Si ______________________________ dolor de cabeza, me tomaría una aspirina.
3. Si Pablo y su hermano ______________________________ simpáticos, serían amigos míos.
4. Si Maite ______________________________ rica, tendría una casa con piscina.
5. Si Jaime y yo ______________________________ cansados, dormiríamos.

55 Si me fuera… o si me voy…

Irreale Bedingungssätze der Gegenwart ▶ LA5 §14; LV3 §11

Elige la forma correcta y márcala con una cruz.

1. Si mi padre ☐ trabajaría / ☐ trabajara menos, podríamos pasar más tiempo juntos.
2. Si me fuera a vivir a la capital, ☐ visitaría / ☐ habría visitado a mis padres todos los fines de semana.
3. Si mis amigos ☐ estudiaran / ☐ estudiarían más, tendrían mejores notas.
4. Si mis padres ☐ son / ☐ fueran más ricos, viviríamos en una casa más grande.
5. Si Ana y yo gastáramos menos en ropa, no ☐ necesitamos / ☐ necesitaríamos trabajar en un bar los sábados.

56 ¿Qué harías si…?

Irreale Bedingungssätze der Gegenwart ▶ LA5 §14; LV3 §11

Responde a las siguientes frases empleando la información indicada.

1. ¿Qué harías si supieras hablar español muy bien?

estudiar en Madrid ______________________________

____

2. ¿Qué haría Ana si hoy hiciera sol y calor?

ir a la piscina ______________________________

____

3. ¿Qué haríais si encontrarais 10.000 €?

poder comprar un coche ______________________________

____

4. ¿Qué harían Pablo y Miguel si no tuvieran deberes?

jugar al fútbol ______________________________

____

Irreale Bedingungssätze

57 Castillos en el aire

Irreale Bedingungssätze der Gegenwart ▶ LA5 §14; LV3 §11

¿Conoces el cuento de la lechera? Completa las frases condicionales irreales.

Cuando decimos que algo es el cuento de la lechera o que son castillos en el aire significa que algo no puede ser real, que sólo son sueños.

1. Si vendiera (vender) la leche, ____________ (tener) dinero.
2. Si ____________ (tener) dinero, ____________ (comprar) una cesta[1] de huevos.
3. Si ____________ (comprar) esos huevos, ____________ (nacer) cien pollos.
4. Si ____________ (vender) tantos pollos, ____________ (comprar) un cerdo.
5. Si ____________ (pagar) un cerdo, lo ____________ (engordar[2]).
6. Si el cerdo ____________ (estar) gordo, lo ____________ (vender).
7. Si lo ____________ (vender), ____________ (ganar) mucho dinero.
8. Si ____________ (tener) tanto dinero, ____________ (comprar) una vaca.

La lechera estaba soñando, cuando de pronto dio un salto y la leche se le cayó. ¡Pobre lechera!
Sin leche, sin dinero, sin huevos, sin pollos, sin cerdo y sin vaca.

58 Si nos levantáramos temprano…

Irreale Bedingungssätze der Gegenwart ▶ LA5 §14; LV3 §11

Completa las frases condicionales irreales del diálogo.

– ¿Qué vais a hacer?
– No lo sabemos todavía, pero depende de muchas cosas…

1. Si ____________ (levantarse) temprano, ____________ (hacer) deporte.
2. Si ____________ (hacer) deporte, ____________ (tener) hambre.
3. Pero claro, si no ____________ (levantarse), ____________ (quedarse) en la cama toda la mañana.
4. Si ____________ (venir) Juan, ____________ (desayunar – nosotros) juntos.
5. Y después, si no ____________ (llover), ____________ (ir – nosotros) a la piscina.
6. Pero si no ____________ (ir) a la piscina, yo ____________ (leer) mi libro y Pablo el periódico.
7. Y si por la noche no ____________ (estar) cansados, ____________ (ir) a tu fiesta.

[1] **una cesta** ein Korb – [2] **engordar** dick werden

59 ¿Qué hubieras hecho si…? Irreale Bedingungssätze der Gegenwart und Vergangenheit ▶ LA5 §14; LV3 §11

a Completa las frases y la regla.

Irrealer Bedingungssatz der Gegenwart	Si hoy **tuviera** tiempo, ______________________ a la playa.
Irrealer Bedingungssatz der Vergangenheit	Si ______________________ tiempo ayer, **habría ido** a la playa.

Der irreale Bedingungssatz der Vergangenheit wird verwendet, um eine Bedingung zu nennen,

die sich auf etwas ______________________ bezieht.

Im *si*-Satz steht das ______________________ und im

______________________ das *condicional compuesto*.

b Escribe frases irreales del pasado como en el ejemplo.

Ejemplo: Ayer era lunes y tuve que ir al instituto.

Si hubiera sido lunes ayer, habría tenido que ir al instituto.

1. Ayer tuve clase de Mate y escribimos una prueba.

____

____

2. No estudié nada y seguro que saqué una mala nota.

____

____

3. Todo el fin de semana estuve con mi pandilla en el cine y en la disco, por eso no estudié.

____

____

4. El semestre pasado tuve malas notas en Español, por eso me suspendieron.

____

____

60 Si hubiera, hubiera, hubiera, no sería como es

Irreale Bedingungssätze der Vergangenheit
▶ LA5 §14; LV3 §11

Busca las frases que pueden ir juntas y relaciónalas con una línea. Cuidado con la gramática y el sentido.

1	Si Puyol ya hubiera dejado el fútbol,…	A	…España no habría ganado.
2	Si España no hubiera ganado el título mundial,…	B	…no hubiera hecho un gol.
3	Si España ya hubiera tenido una estrella,…	C	…no habría habido tantas fiestas en las calles españolas.
4	Si no hubiera habido una copa mundial en el 2010,…	D	…ésta no hubiera sido la primera después de 44 años.

61 Si Cristóbal Colón no hubiera ido a America…

Irreale Bedingungssätze der Vergangenheit
▶ LA5 §14; LV3 §11

Completa las oraciones irreales del pasado o del presente con los verbos indicados.

1. Si Cristóbal Colón no ______________________ **(descubrir)** América, hoy no ______________________ **(haber)** 23 países hispanohablantes.
2. Si los españoles no ______________________ **(creer)** que iban a la India, los primeros habitantes de América no ______________________ **(llamarse)** indios.
3. No ______________________ **(haber)** chocolate en Europa, si los españoles no lo ______________________ **(traer)** de América.
4. Los españoles no ______________________ **(cambiar)** de nombre a las palabras, si ______________________ **(hablar)** el idioma de los indios. Por ejemplo, se dice conejillo de indias[1] en España y cuy[2] en América Latina.

[1] **un conejillo de indias** ein Meerschweinchen – [2] **un cuy *(americanismo)*** ein Meerschweinchen

62 Como si...

Irreale Bedingungssätze der Vergangenheit mit *como si* ▶ LA5 §14; LV3 §11

a Completa las frases con uno de los verbos de la casilla. Después completa la regla.

ser | haber | tener

1. Mi amigo Juan de Perú se comió un cuy como si ____________ el plato más fino del mundo.
2. Yo, como no quería comerme eso, hice como si no ________________ hambre.
3. Al otro día estábamos invitados a comer y como si sólo ________________ ese plato: nos dieron otra vez ¡cuy!

> *Como si* bedeutet im Deutschen
>
> ______________________________.
>
> Mit *como si + imperfecto de subjuntivo* kann man einen irrealen Vergleich anstellen.

b Completa los siguientes refranes buscando entre las frases de la derecha las terminaciones correctas y escríbelas.

1. Trata a tu amigo	como si	a) algún día fuera tu amigo.
2. Vive cada día		b) fuera el último.
3. Trata a tu enemigo		c) fuera para la vida.
4. Estudia		d) algún día fuera tu enemigo.

1. ______________________________

2. ______________________________

3. ______________________________

4. ______________________________

Nebensatzverkürzung

63 Al salir…

Nebensatzverkürzung mit Infinitiv ▶ LA5 §8; LV3 §18

a Pon las preposiciones en su lugar correspondiente.

de | sin | a pesar de | por | para

Temporalsatz – wann?	Kausalsatz – warum?
antes de, después de, al	Finalsatz – wofür?
	Modalsatz – wie?
Konzessivsatz – obwohl?	Bedingungssatz – falls was?

b Marca la respuesta apropiada en el diálogo.

Luis: Andrea, ¿a qué hora llegas hoy a Madrid?

Andrea: No lo sé todavía, salgo ☐ al / ☐ por / ☐ después del trabajo, pero ☐ antes de / ☐ para / ☐ de llegar a Madrid te llamo.

Luis: Perfecto, pero si llegas después de las 6:00 de la tarde puedes llegar ☐ para / ☐ sin / ☐ de llamar porque a esa hora ya estaré en casa.

Andrea: Pero no te preocupes que ☐ antes de / ☐ a pesar de / ☐ de no encontrarte en casa, te esperaré en el bar de abajo.

Luis: Ah, te puedo dejar la llave con el tío del bar ☐ al / ☐ para / ☐ por estar más tranquilos.

Andrea: Muy bien. Y gracias ☐ para / ☐ por / ☐ sin invitarme a tu casa.

64 Cuando llegué – al llegar

Nebensatzverkürzung mit Infinitiv ▶ LA5 §8; LV3 §18

a ¿Cuándo se puede formar una subordinada de infinitivo? Lee los ejemplos y completa la regla.

→ Después de haber terminado el trabajo me acosté. = **Yo** había terminado el trabajo, después **yo** me acosté.	→ Después de haber partido los niños la casa parecía vacía. = **Los niños** partieron, después **la casa** era vacía.
Wenn man einen Nebensatz ______________ ist es wichtig, dass das Subjekt eindeutig bleibt.	
Vine a tu casa para felicitarte.	Vine a tu casa para ~~Juan~~ felicitarte.
Finalsätze mit ______________ müssen ______________ Subjekt haben.	

b Forma subordinadas de infinitivo.

Si Cristina hubiera tenido tiempo, ella hubiera ido a la fiesta.

1. ______________________________

No estudiamos porque no sabíamos que había examen.

2. ______________________________

Cuando llegué a casa, sonó el teléfono.

3. ______________________________

Isabela fue a ver la película después de que hubiera leído el libro.

4. ______________________________

Lucía siempre se compra el CD antes de que sea famoso.

5. ______________________________

Marco vive muy solo a pesar de que tiene muchos amigos.

6. ______________________________

Mi papá siempre sabe todo sin que yo le diga nunca nada.

7. ______________________________

65 Antes de hablar – antes de haber hablado

Nebensatzverkürzung mit Infinitiv ▶ LA5 §8; LV3 §18

a Decide si las subordinadas de infinitivo están en pasado o en presente/futuro. Después completa la regla.

	pasado	presente/futuro
1. Cuando termine los estudios,...		
2. Antes de haber hablado contigo,...		
3. Si vas a Madrid,...		
4. Antes de hablar contigo...		
5. De haber dicho algo...		
6. De haber tenido tiempo...		
7. Sin verte...		
8. Para haber hablado...		

Wenn sich der Nebensatz auf etwas Vergangenes bezieht, verwendet man den *infinitivo compuesto*, der sich aus dem Infinitiv von ______________________ und dem Partizip Perfekt des Verbs zusammensetzt.

b Cambia las frases en negrita por subordinadas de infinitivo como en el ejemplo.

después de que + subjuntivo
antes de que + subjuntivo

Ejemplo: Esta mañana **después de que** Pablo saliera de casa se dio cuenta de haberse ido **sin que** se despidiera.

Esta mañana **después de salir** de casa Pablo se dio cuenta haberse ido **sin despedirse**.

1. **A pesar de que** perdería el tren, volvió a casa y se despidió de sus padres.

____

2. **Cuando** llegó al instituto, vio que no llevaba sus libros.

____

3. **Si** no hubiera sido por su buena educación, no habría olvidado nada y habría llegado puntual.

____

4. Ahora siempre se despide mucho **antes de que** salga de casa.

____

66 Leída y releída la carta, tomó el móvil.

Nebensatzverkürzung mit Partizip Perfekt ▶ LA5 §9, LV3 §19

a Subraya las subordinadas de participio y relaciona cada frase con su categoría anotando la letra correspondiente. Después completa la regla.

1. ☐ María, comparada con otras chicas, era la más guapa y la más inteligente de todas.
2. ☐ Sergio recibió una carta de María, escrita con mucho amor.
3. ☐ Leída y releída la carta, tomó el móvil.
4. ☐ Desesperado, se sentó a escribirle una carta de respuesta.

a) Temporalsatz | b) Bedingungssatz | c) Kausalsatz | d) Relativsatz im Passiv

> Verkürzte Nebensätze mit Partizip Perfekt werden verwendet, um einen
>
> ______________________ oder einen
>
> Relativsatz zu ersetzen. Manchmal drücken sie einen Grund oder eine Bedingung aus.

b Marca los participios del ejercicio a en color y completa la regla.

> Das Partizip Perfekt wird in ______________________ und Zahl an das Substantiv,
>
> auf das es sich bezieht, ______________________.

c Ahora cambia las frases de la parte anterior a frases subordinadas.

1. *María si se compara con otras chicas, era la más guapa y la más inteligente de todas.*
2. ______________________
3. ______________________
4. ______________________

67 Llegó a casa llorando.

Nebensatzverkürzung mit Gerundium ▶ LA5 §17; LV3 §20

a Une la frase en español con la traducción y su subordinada con una línea.

1. Llegó a casa llorando.	da/weil	Temporalsatz
2. Habiéndole preguntado mucho, tengo todas las informaciones necesarias.	obwohl	Bedingungssatz
3. Aun habiendo tenido mucha paciencia, no abrió la boca.	als/während	Modalsatz
4. Así que la dejé sola y estando en mi habitación unos diez minutos, vino a buscarme.	wenn	Konzessivsatz
5. Vendiendo helados se ganará la vida.	indem/und	Kausalsatz

b Mira los dibujos y completa las frases con subordinadas de gerundio. Las formas verbales te ayudan.

habiendo caminado | **siendo** | **trabajando** | **gritando**

1

Se quedó dormido, ____________________.

2

Incluso ____________________ Pablo tampoco entiende.

3

Se cayó, aun ____________________ un futbolista profesional.

4

____
____________________ mucho, se sentaron a descansar.

68 Dilo de tres formas

Nebensatzverkürzung mit Infinitiv und Gerundium ▶ LA5 §8, 17, LV3 §18, 20

Marca las frases subordinadas. Después transfórmalas en subordinadas de infinitivo o gerundio.

1. Cuando llegaron los españoles a América, pensaban que habían llegado a las Indias.

   Con infinitivo: ____________________

   Con gerundio: ____________________

2. Como, según ellos, eran las Indias, llamaron indios a los pobladores de América.

   Con infinitivo: ____________________

   Con gerundio: ____________________

3. Si no sabes como llamar a las personas de India y a las de América, di indios a las de India e indígenas a las de América.

   Con infinitivo: ____________________
   ____

   Con gerundio: ____________________
   ____

Indirekte Rede mit Tempusverschiebung

69 Pregunta dónde...

Die indirekte Rede mit Tempusverschiebung ▶ LA4 §5, 18; LA5 §10, LV3 §17

a Lee las frases en estilo directo. Después toma el papel de la hija y forma frases en estilo indirecto.

1. **Papá:** Oye, Gabriela, ¿dónde está el detergente?

Hija: Mamá, papá pregunta ______________________________

____

Mamá no contesta.

2. **Papá:** ¿Y dónde has metido la ropa sucia?

Hija: Mamá, papá quiere saber ______________________________

____

Mamá no reacciona.

3. **Papá:** No encuentro la plancha, ¿dónde la pusiste?

Hija: Mamááá, papa dice ______________________________

____

La madre no dice nada.

4. **Papá:** Gabriela, baja por favor, dame el detergente, busca la plancha, ayúdame.

Hija: ¡Mamá! Papá dice que ______________________________

____

La madre sigue leyendo tranquila de la vida.

b Completa la regla.

Steht bei der indirekten Rede das Verb des einleitenden Hauptsatzes im Präsens, *futuro próximo* oder *pretérito perfecto*, verändert sich nur der ____________________ der direkten Rede. Alle anderen Modi und Zeiten bleiben ____________________.

Imperativo in der direkten Rede wird zu ____________________ in der indirekten Rede.

70 Me dijo que…

Die indirekte Rede mit Tempusverschiebung ▸ LA4 §5, 18; LA5 §10, LV3 §17

a Cambia los ejemplos del estilo directo en estilo indirecto según las reglas.

Steht der einleitende Satz der indirekten Rede im *pretérito imperfecto, indefinido* oder *pluscuamperfecto*, verändert sich die in der direkten Rede gebrauchte Zeit.
Einleitende Sätze sind u. a. *decía que, dijo que, había dicho que…*
Die Zeiten verschieben sich wie folgt:

1. presente → imperfecto	Hoy **tengo** tiempo. → Dijo que ______________________ Mañana **voy** a tener tiempo. → Dijo que ______________________
2. perfecto → pluscuamperfecto	Toda la vida **he tenido** tiempo. → Dijo que ______________________
3. indefinido → pluscuamperfecto oder indefinido → indefinido	Ayer **tuve** mucho tiempo. → Dijo que ______________________ → Dijo que ______________________
4. imperfecto → imperfecto	Antes **tenía** mucho tiempo. → Dijo que ______________________
5. futuro simple → condicional simple	La próxima semana seguro que **tendré** tiempo. → Dijo que ______________________ ______________________
6. imperativo → imperfecto del subjuntivo	**Vamos** al cine. → Dijo que ______________________

b Completa la frase.

Folgende Zeiten bleiben in der direkten und indirekten Rede gleich, auch wenn das redeeinleitende Verb der indirekten Rede im *pretérito imperfecto, indefinido* oder *pluscuamperfecto* steht:

______________________, ______________________, ______________________.

71 Ayer – el día anterior

Die indirekte Rede mit Tempusverschiebung ▶ LA4 §5, 18; LA5 §10, LV3 §17

a Tacha las partes de la oración que no cambian nunca en el discurso indirecto.

pronombres personales | pronombres posesivos | marcadores temporales | pronombres de objeto | sustantivos | verbos | preposiciones | marcadores de lugar

b Completa la tabla de los cambios que se hacen en el discurso indirecto.

el día anterior	ayer	hoy
______________	ahí	aquí

mañana	______________

______________	______________	este

c Lee el diálogo y marca todas la palabras que tienes que cambiar en el discurso indirecto. Después forma frases en estilo indirecto y haz los cambios correspondientes.

Luisa	Marta
Marta, ¿**me** compro **este** vestido? ¿**Te** gusta?	No, no mucho, prefiero uno que vi ayer en una tienda del centro.
Luisa **le** preguntó a Marta **si se** compraba ese vestido.	Marta le contestó ______________ ______________
¿Me acompañas a verlo?	Lo siento, pero esta tarde no tengo tiempo.
______________ ______________	______________ ______________
Pero es que lo necesito para la fiesta de cumpleaños de mi prima.	¿Por qué no te pones mi vestido nuevo?
______________ ______________	______________ ______________
¿En serio? ¿Me lo puedo poner?	Claro, aquí lo tienes.
______________ ______________	______________ ______________

72 Marta me ha contado que…, Marta me contó que…
Die indirekte Rede mit Tempusverschiebung
▶ LA4 §5, 18; LA5 §10, LV3 §17

a Lee lo que nos cuenta un chico español de lo que ha contado Marta.

Pues, Marta me ha contado que en Alemania la gente es fantástica. Me ha dicho que no sabe si ha tenido mucha suerte, pero que ella vive con una familia que conoció por un foro. Además, me ha dicho que después de una semana ya conoce a mucha gente. Y que ella espera poder estudiar en una universidad alemana. Dice que se pone enferma cada vez que escucha decir que los alemanes son fríos, porque a ella le parecen ser muy cordiales. También me ha contado que lo mejor de todo es la tranquilidad. Que su novio es alemán y que él dice que los alemanes se preocupan mucho por hablar otros idiomas, pero si no hablas alemán no vas a ir muy lejos… incluso para los trabajos más básicos.

b Escribe el texto de nuevo comenzando con: Marta me contó que…

73 La reina preguntó al espejito quién...

Die indirekte Rede mit Tempusverschiebung
▶ LA4 §5, 18; LA5 §10, LV3 §17

Aquí tienes unas frases típicas de algunos cuentos famosos en todo el mundo. Cámbialas al discurso indirecto. Después relaciona cada texto con el cuento correspondiente anotando el número en las casillas.

1.	La reina preguntó: Espejito, ¿quién es de este país la más hermosa?	La reina preguntó al espejito quién ____
2.	El lobo dijo: ¡Ábreme la puerta! El cerdito contestó: No, no, no, no te voy a abrir. El lobo dijo: Pues si no me abres... ¡Soplaré[1] y soplaré y la casita romperé!	El lobo dijo ____
3.	Caperucita Roja dijo: Y qué boca tan grande que tienes. El lobo dijo: Para comerte mejor.	Caperucita Roja le dijo ____
4.	El hombre respondió: Tened lástima. Si lo he hecho es porque mi mujer vio desde la ventana vuestras verdezuelas[2] y sintió un deseo enorme de comerlas.	El hombre ____

a) ☐ Los tres cerditos

b) ☐ Rapunzel

c) ☐ Caperucita Roja

d) ☐ Blanca Nieves y los siete enanitos[3]

[1] **soplar** blasen – [2] **las verdezuelas** die Rapunzeln – [3] **un enanito** ein Zwerglein

74 El jefe ha dicho que…

Die indirekte Rede mit Tempusverschiebung ▶ LA4 §5, 18; LA5 §10, LV3 §17

Transforma el estilo directo en el estilo indirecto. Atención a los tiempos y modos.

El jefe: **estilo directo**	**La secretaria:** **estilo indirecto sin cambios**	**La empleada:** **estilo indirecto con cambios**

El jefe dice:	**El jefe ha dicho que…**	**La secretaria del jefe dijo que…**
1. Por favor, mande las invitaciones a todos.		
2. No lean sus correos privados.		
3. Traígame café.		
4. No olvide los panecillos.		
5. Llame a Ernesto.		
6. Digale a Lupe que compre papel.		
7. Respóndale al señor Salazar su propuesta.		
8. Váyase a casa que ya no la necesito.		

Wortbildung

75 Sordomudo

Zusammengesetzte Wörter ▶ LA5 §19; LV3 §21

a Estos son siete ejemplos de cómo formar palabras compuestas en español. Marca con dos colores las dos palabras que reconoces de cada palabra compuesta, y después mira qué tipo de palabra es. Escribe la regla a la derecha según el ejemplo.

1. sinfín	Präposition + Substantiv
2. altiplano	
3. baloncesto	
4. mediodía	
5. rascacielos	
6. supermercado	
7. malhablado	

b Mira los dibujos. Anota la palabra para cada cosa (se trata de un verbo y un sustantivo) y trata de escribir la palabra compuesta. Después, tradúcela.

1

palabra española:

lavar + platos

____

____

palabra alemana:

____

____

2

palabra española:

____

____

palabra alemana:

____

____

3

palabra española:

____

____

palabra alemana:

____

____

76 Tarjeta de crédito

Zusammengesetzte Wörter ▶ LA5 §19; LV3 §21

a Completa la regla.

Zusammengesetzte Wörter sind typisch für die deutsche Sprache. Auf Spanisch verwendet man lieber die Präposition ______________ oder schreibt Nomen und ______________ getrennt.

b Traduce las siguientes palabras al español.

1. Kreditkarte ______________
2. Klimaanlage ______________
3. Schlafsack ______________
4. Einzelzimmer ______________
5. Sonnenschutzcreme ______________
6. Eisbär ______________
7. Zeichentrickfilm ______________
8. Wohnzimmer ______________

77 Convivir

Zusammengesetzte Wörter ▶ LA5 §19; LV3 §21

Con una palabra de la derecha y una palabra de la izquierda puedes formar palabras nuevas. Escríbelas y tradúcelas. Si no sabes qué significan, imagínatelo y después busca en el diccionario. Son ocho palabras.

		la palabra compuesta	significado en alemán
con	sol		
vídeo	venido		
pelo	vivir		
cumple	juego		
tele	hablante		
hispano	rojo		
para	novela		
bien	años		

78 A-, anti, contra...

Wortbildung mit Präfixen und Suffixen ▶ LA5 §20; LV3 §22

Relaciona los prefijos con sus posibles traducciones. A veces hay más posibilidades.

1	a-		A	unter
2	anti-		B	nach
3	contra-		C	gegen
4	de-, des-		D	wider
5	i-, im-, in-		E	zwischen
6	inter-		F	un-
7	pos(t)-		G	vor
8	pre-		H	ohne
9	re-		I	wieder
10	sobre-		J	über
11	sub-			

79 Des-, pre-, in-, im-

Wortbildung mit Präfixen und Suffixen ▶ LA5 §20; LV3 §22

Pon las palabras de abajo en los posibles prefijos para formar palabras nuevas.

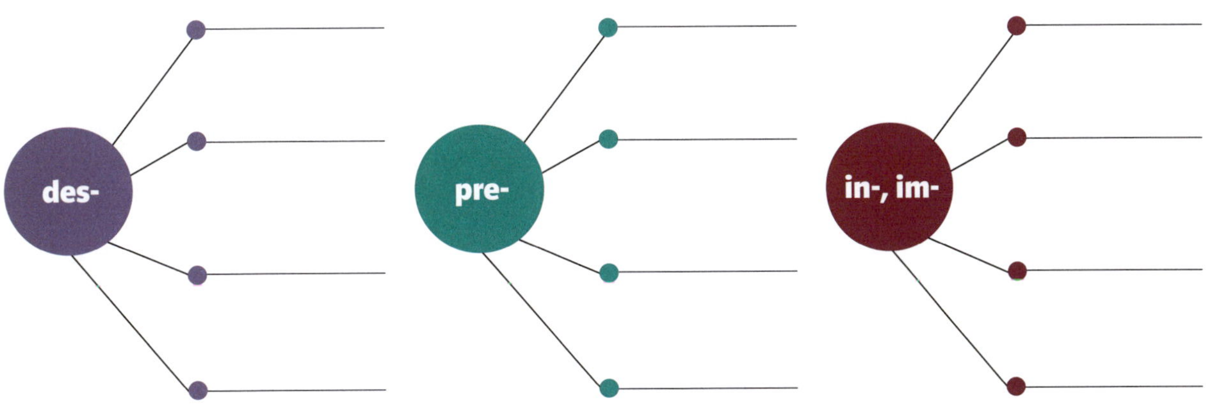

aparecer · directo · hispánico · cubrir · necesario · dominar · posible · parar · cansar · ordenar · juicio · útil

80 Los sufijos: -able, -ante, -ción, -mente…

Wortbildung mit Präfixen und Suffixen ▶ LA5 §20; LV3 §22

a Todas estas palabras tienen un sufijo. Márcalo y escríbelo en la lista de los sufijos para formar adjetivos, sustantivos o adverbios.

culpable
contaminante
turista
interpretación
casualmente
modernismo
numeroso
naturaleza
histórico

Lista de los sufijos para formar adjetivos, sustantivos o adverbios:

adjetivos	sustantivos	adverbios

b Transforma las siguientes palabras en adjetivos, sustantivos o adverbios.

	adjetivo	sustantivo	adverbio
1		amabilidad	
2		interés	
3		tranquilidad	
4	artístico		
5			realmente
6	educado		

c Busca cuatro adjetivos, dos sustantivos y dos adverbios en la sopa de letras.

m	e	n	t	f	e	m	b	b	b	e
a	n	a	m	a	b	l	e	t	r	o
s	o	r	i	m	c	ó	l	o	e	c
t	a	r	v	o	i	g	l	m	v	i
i	s	o	a	s	ó	i	e	e	e	ó
e	m	g	z	o	n	c	z	n	m	n
d	o	a	e	a	o	o	a	t	e	e
c	a	n	c	i	ó	n	s	o	n	z
Ú	l	t	i	m	a	m	e	n	t	e
e	t	e	n	m	a	t	s	i	e	a

	adjetivos		sustantivos		adverbios
1		1		1	
2		2		2	
3					
4					

d Desglosa las siguientes palabras según el ejemplo.

i rre conoc ible mente

1. antiamericanistas
2. desesperanza
3. ilógicamente
4. desanimante
5. pobreza
6. inmigrante

81 Los sufijos: -ito, -azo

Wortbildung mit Präfixen und Suffixen ▶ LA5 §20; LV3 §22

a Forma el diminutivo y el aumentativo de la siguiente palabra, y completa la regla.

diminutivos/ **Verkleinerungsformen**		***aumentativos/*** **Vergrößerungsformen**
____________________	perro	____________________

Zur Bildung der Verkleinerung verwendet man folgende Suffixe: *ito*, ________, ________.		Zur Bildung der Vergrößerung verwendet man folgende Suffixe: ________, ________.
Im Deutschen gibt es weniger *diminutivos* und *aumentativos* als im Spanischen.		

b Completa los diminutivos y aumentativos.

diminutivos		**aumentativos**

	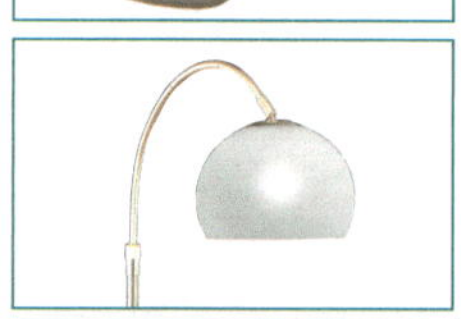	

82 Mujeres futbolistas de Perú

Wortbildung mit Präfixen und Suffixen ▶ LA5 §20; LV3 §22

Busca y subraya en el siguiente artículo todos los prefijos, sufijos y todas las palabras compuestas que encuentres. A la derecha del texto escribes el tipo de palabra que encontraste. Abajo tienes los prefijos o sufijos que puedes encontrar.

-ito/a   des-   -ura   -era   - ista   in-   -eza   -mente   -oso/a   -or/a

Mujeres futbolistas de Perú

Churubamba se llama el pueblito donde viven unas 58 familias campesinas. A una altura de 3,850 metros un grupo de mujeres quechuas juegan al fútbol o balompié.

Este increíble espectáculo es amistoso y de una enorme belleza.

Estas mujeres representan una verdadera versión popular del fútbol. El fútbol es un pasatiempo para olvidar los problemas que tienen por su gran pobreza. Se usan dos colores de jersey como uniforme y el uniforme tradicional es innecesario y seguramente hasta desconocido.

Carmen Butta ha hecho una película completamente hablada en quechua con narraciones de las jugadoras.

Adjektive und Adverbien

83 Más guapo, guapísimo

Steigerung und Vergleich der Adjektive ▶ LA4 §13; LV1 §43

a Completa la tabla con las formas regulares de los adjetivos.

Einfache Aussage		Es	un	coche		moderno.	
Komparativ + - =		Es	un	coche	más ______ ______	moderno	que … ______ … ______ …
Relativer Superlativ		Es	el	coche	______	moderno	______ …
Absoluter Superlativ		Es	un	coche	____________.		

b Compara y forma un superlativo relativo.

1 Einfache Aussage: Perú es un país grande.

Komparativ:
- \+ Argentina es más grande que Perú.
- \- Paraguay ____________________ Perú.
- = Guatemala ____________________ Honduras.

Relativer Superlativ: Brasil ____________________ América Latina.

2 Einfache Aussage: El Ebro es un río largo.

Komparativ:
- \+ El Amazonas ____________________ el Ebro.
- \- El Guadalquivir ____________________ el Ebro.
- = El Tajo ____________________ el Arauca.

Relativer Superlativ: El Nilo ____________________ mundo.

84 Menor – más pequeño, mayor – más grande… Unregelmäßige Steigerungsformen der Adjektive

▶ LA5 §4; LV3 §3

a Completa la tabla y la regla.

	irregular	regular
bueno		
malo		
grande		
pequeño		
alto		
bajo		

Einige Adjektive haben zusätzlich zu den regelmäßigen Steigerungsformen

____

Steigerungsformen. Die unregelmäßigen Formen werden vor allem für

____

und ____________________ Bedeutungen oder die Beschreibung der Qualität verwendet.

Sie stehen meist vor dem Substantiv.

b Completa las frases con las formas correctas de los comparativos o superlativos de los adjetivos indicados. Escoge entre la forma regular o irregular.

mayor – más grande | superior – más alto | inferior – más bajo | peor – más malo | menor – más pequeño | mejor – más bueno

1. Luisa es la hermana ____________________ de Teresa.
2. Pero Teresa es ____________________.
3. Como no tienen más hermanos, Teresa es la ____________________ de su familia.
4. Luisa es mala[1], pero Teresa es ____________________ que Luisa.
5. Luisa está en un curso ____________________ que Teresa, pero las notas de Teresa son ____________________ que las de Luisa.

6. Luisa va a tener que ir a un curso ____________________ si no saca ____________________ notas.
7. Las dos son las ____________________ hijas.
8. Siempre hacen todo lo que sus padres dicen, ayudan, lavan, todo. Ellas tienen una relación buenísima: Teresa es la ____________________ amiga de Teresa y Teresa es la ____________________ amiga de Luisa.

[1] **malo, -a** böse

85 Óptimo...

Unregelmäßige Steigerungsformen der Adjektive ▶ LA5 §4; LV3 §3

a Completa la tabla.

Unregelmäßige Formen des absoluten Superlativs:		
	irregular	**regular**
grande		grandísimo
pequeño		
bueno	óptimo	
malo		

b Completa las frases con un comparativo o superlativo absoluto de los adjetivos indicados.

1. El próximo mes me voy a Bolívia, que es un país ________________ **(bueno)** para hacer vacaciones.
2. Espero hacer lo ________________ **(grande)**.
3. Me han dicho que La Paz está a una altura de 3650 metros y que por eso es ________________ **(malo)** llegar ahí, para personas con problemas del corazón.
4. Y que cuando uno llega ahí, hay que moverse lo ________________ **(pequeño)** para que no enfermarse.
5. Pues enfermarse en la vacaciones es lo ________________ **(malo)**.
6. Creo que Bolivia es el país ________________ **(bueno)** para empezar mi viaje por Sudamérica.
7. Y el final de mi viaje va a ser en un país con una población ________________ **(grande)**, una comida ________________ **(rico)** y una cultura también ________________ **(interesante)**, con pirámides ________________ **(alto)**. ¿Sabes que país es? ¡México!

86 Más rápidamente – mejor

Steigerung und Vergleich der Adverbien ▶ LA4 §14; LV2 §25

a Completa el comparativo de los adverbios.

Einfache Aussage	Tú comes **despacio.**
Ungleichheit	Tú comes ______________
Gleichheit	Tú comes ______________

bien → ____________	mucho → ____________
mal → ____________	poco → ____________

Ein Vergleich mit *mucho* wird durch

__________ … ____________ angestellt.

b Dos hermanas están discutiendo. Escribe las frases para Roberta empleando el comparativo.

1. Ya he estudiado mucho hoy.	1. Pues, yo he estudiado ____________________ que tú.
2. Yo bailo muy bien.	2. ¿Qué dices? No has visto que yo ______________________________
3. Bueno, ahora voy a trabajar poco.	3. Yo voy a trabajar ______________________________
4. Voy a acostarme porque anoche dormí mal.	4. Qué te parece que yo ____________________ ______________________________
5. Roberta, ¿puedes dejarme descansar tranquilamente?	5. Pues, tú eres la que tiene que dejarme descansar ______________________________
6. Por favor, Roberta, habla bajo.	6. Pero tú sabes muy bien que yo hablo ____________________ que tú.

87 Tranquilísimamente

Steigerung und Vergleich der Adverbien ▶ LA4 §14; LV2 §25

a Completa las frases y la regla.

Ese coche va rápido.

Der absolute Superlativ wird gebildet: – bei den ursprünglichen Adverbien mit *muy* oder mit der Endung ____________,	Ese coche va ______________________ / rapidísimo.
– bei den abgeleiteten Adverbien mit _________ oder *ísimamente*.	Ese coche va muy rápidamente / ________________________________.

b Contesta utilizando un superlativo absoluto con adverbio.

1. —La familia de Paco es tranquila.
   —Sí, es cierto, Paco explica todo ________________________________.
2. —Es muy raro porque todos son lentos.
   —Sí, verdad, también comen ________________________________.
3. —Todos los hermanos son elegantes.
   —Sí, además se visten ________________________________.

88 Campo – ciudad

Steigerung der Adjektive und Adverbien ▶ LA4 §13, 14; LV3 §3

Mira las fotos y compara la ciudad al campo. Escribe frases usando las palabras indicadas según el ejemplo.

1. edificios – altos	1. En la ciudad los edificios son más altos que en el campo.
2. calles – llenas	2. ________________________________
3. vivir – tranquilamente	3. ________________________________
4. ruido – alto	4. ________________________________
5. oferta cultural – grande	5. ________________________________

89 Lo bueno

Die Substantivierung mit *lo* ▶ LA4 §7; LV3 §23

a Completa las frases.

Der neutrale Artikel *lo* wird zur ________________ von Adjektiven verwendet.	→ **Lo bueno** es tener un trabajo en tiempos de crisis económica.
Das Adjektiv steht im ____________________, ist maskulin und kann auch gesteigert werden.	→ ________ **mejor** es estudiar más./ **Lo** ____________ **aburrido** son las clases de matemáticas.
Das substantivierte Adjektiv kann mit der Präposition ____________ näher bestimmt werden.	→ Lo mejor ______ hotel es la piscina.

b Cambia todos los adjetivos subrayados por un sustantivo neutro que quepa en las frases. ¡Ojo! Tienes que cambiar también las frases.

Es <u>importante</u> saber que esta celebración no es lo mismo que Halloween.
La leyenda cuenta que los muertos visitan las casas de sus parientes vivos. Y, como es <u>normal</u>, las familias se preparan para recibir a esta visita. No es <u>raro</u> que se pongan altares dentro de las casas.

Allí se pone una foto del muerto y es <u>muy bueno</u> porque también ponen comida.
Y es <u>muy interesante</u> que les ponen también las bebidas preferidas del muerto. Al final, claro, los vivos se comen lo que los muertos no se comen.

____

____

____

____

____

____

Relativpronomen mit und ohne Präposition

90 El – la – los – las – lo que

Relativpronomen mit und ohne Präposition ▶ LA5 §18; LV3 §7

a Completa las frases con los pronombres relativos *que, el que/ la que/ los que/ las que.* Después, completa las reglas.

1. La chica ________ viene es María. 2. El chico ________ está con ella es Luis. 3. Los chicos ________ están hablando son sus amigos viven en el barrio. 4. Las chicas ________ están hablando con ella son sus hermanas. 5. El coche ________ tiene sólo dos puertas es de María. 6. Los perros ________ están dentro del coche también son de María.	*Que* ist ________________ und kann sich auf ________________________ und Gegenstände beziehen.
7. La amiga de María, ________ ________ lleva el vestido azul, también es amiga mía. 8. ¿Gustavo es tu novio? No, mi novio es ________ ________ está hablando con Gustavo. 9. Los chicos, ________ ________ llevan gorra, son hermanos.	*El que/la que/los que/las que* benutzt man, um auf eine Information besonders ________________ und zur eindeutigen ________________ der Bezugsperson oder -sache, an die der Artikel angeglichen wird.
10. ________ ________ no llegaron, no van. 11. Todos ________ ________ están aquí, van conmigo.	*El que/la que/los que/las que* benutzt man, wenn ____________ Bezugswort im Satz enthalten ist und nach *todos/todas*.
12. La chica con ________ ________ vine, es mi hermana.	Werden die Relativpronomen zusammen mit einer Präposition verwendet, dann steht: Präposition + ____________ + *que*

b Completa las frases con *que*, *artículo* + *que* o con *preposición* + *artículo* + *que*.

1. Los libros ______________________________ he leído están todos aquí.
2. Todos ____________________________ no he leído los tengo en otro lugar.
3. ____________________ están arriba a la derecha son los de mi estudio.
4. El libro rojo, _________________________ está muy a la derecha, arriba, es de mi padre.
5. Los libros ______________________________ están en el centro son de fauna y naturaleza.
6. A ver, y el libro ___________________________________ más me divierte, es el amarillo de la izquierda, abajo. Es un libro de cómics.

91 El cual – lo cual – quien – cuyo

Relativpronomen mit und ohne Präposition ▶ LA5 §18; LV3 §7

a ¿Cuál pronombre relativo se refiere a qué? Márcalo con una línea.

el cual	Personen
lo cual	Sachen/Gegenstände
quien	Satz
cuyo	Sachverhalt

b Completa el texto, y después las reglas.

1. *El cual*/__________________ sind sehr selten. Sie werden meistens mit Präpositionen verwendet.
2. *Lo cual* bedeutet dasselbe wie *lo que* und bezieht sich auf einen ganzen Satz oder ___________________________.
3. *Quien*/________________ wird häufig nach den Präpositionen *a*, *con*, *de* und *sobre* verwendet.
4. ________________ /*cuya* richten sich in Genus und Numerus nach dem Substantiv, das folgt.

Hablo de mi vecina, ______________ hijo está casado _________________ mujer _________________ ayer viste, _______________ paseaba con su hijo pequeño. Ya sabes de quien te hablo, ¿no?

92 Es un español cuyo lugar de…

Relativpronomen mit und ohne Präposition ▶ LA5 §18; LV3 §7

Lee y completa las frases con los pronombres de relativo correspondientes. Adivina de quién son estas cuatro biografías de españoles famosos. Relaciónalas con las fotos y anota la letra correspondiente en la casilla.

1

Es un hombre __________ lugar de nacimiento no es España sino Italia. Es nieto de Alfonso XIII, __________ fue Rey de España desde su nacimiento.

2

Es un español __________ lugar de muerte fue Francia, ciudad en __________ vivió muchos años. Hizo más de 2000 obras de __________ el Guernica es una de las más impresionantes de todas.

3

Es un español __________ mano derecha le iba a ser cortada en 1569 por herir al desconocido Antonio de Segura. Una de sus muchas obras, __________ es conocida en todo el mundo, fue escrita en dos libros, el primero de ellos apareció en 1605.

4

Es un hombre __________ lugar de nacimiento no se conoce aunque la mayoría dice que nació en Génova. Su nombre, __________ cambia en muchos idiomas, dio el nombre a un país de América del Sur. El 12 de octubre es la fecha por __________ se le conoce en todo el mundo.

a) ☐	b) ☐	c) ☐	d) ☐

Pablo Ruiz Picasso	Miguel de Cervantes Saavedra	El Rey Don Juan Carlos I	Cristóbal Colón

Prozentangaben und Bruchzahlen

93 100%

Prozentangaben und Bruchzahlen ▶ LA5 §1; LV3 §1

a Completa las frases, y la regla de gramática.

1. ____ / ____ 30% de los peruanos vive en la capital.	Bei Prozentangaben verwendet man den Begleiter ________ oder ________ und das Verb steht im Singular.
2. Un 29,5% vive con menos de 2$ diarios.	Dezimalzahlen werden wie im Deutschen mit ________________ geschrieben und gesprochen.

Muchos españoles y latinoamericanos usamos el ______________________ cuando hablamos de porcentajes.

En algunas partes de Latinoamérica para los decimales usamos un ________________.

b Escribe los porcentajes en letras.

85%	1. ______________________	25%	4. ______________________
32%	2. ______________________	15%	5. ______________________
70%	3. ______________________	5%	6. ______________________

c Qué porcentaje de alemanes hay en España? Completa las frases con los porcentajes indicados.

Nacionalidades en España	
1. ______________________% de los extranjeros en España son de Ecuador.	4,9
2. De los extranjeros que viven en España ______________________% son alemanes.	14,6
3. Sólo los latinoamericanos representan ______________________% del total.	38,6

94 En Perú el 30% de los habitantes...

Prozentangaben und Bruchzahlen ▶ LA5 §1; LV3 §1

Mira la tabla y completa las frases con letras.

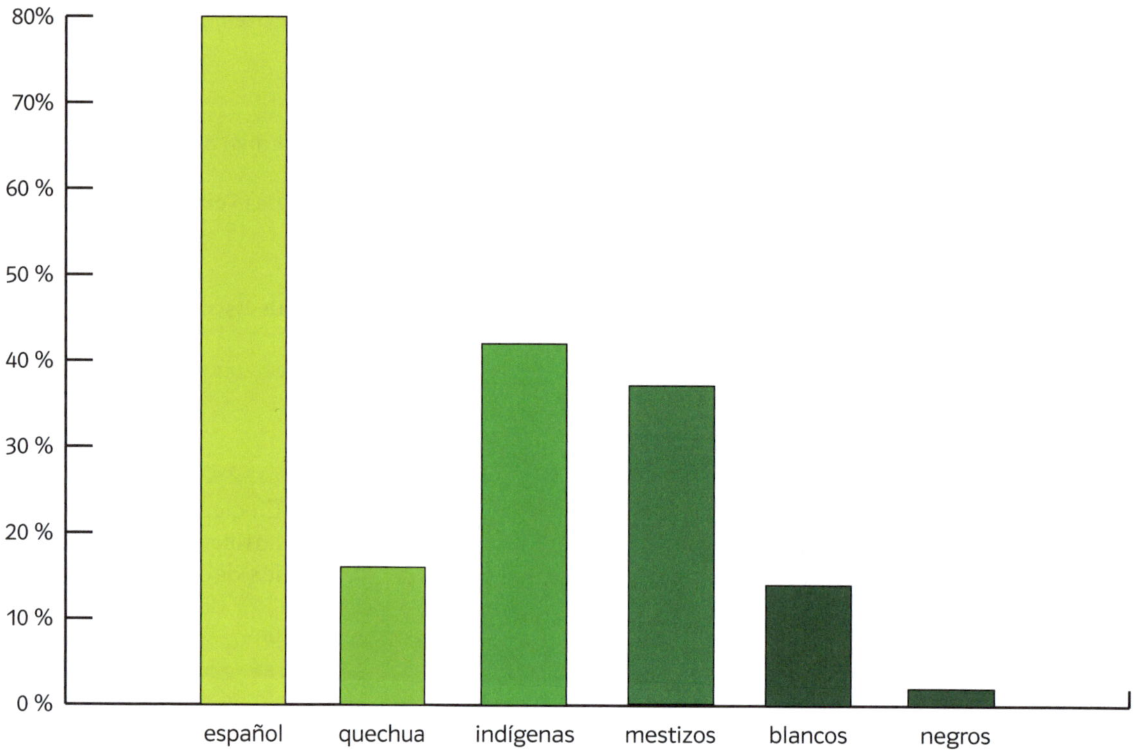

1. En Perú las dos lenguas oficiales son ____________________ y ____________________.
2. El español es hablado por ____________________ de los habitantes y el ____________________ sólo por ________________.
3. ____________________________ de la población peruana es indígena.
4. ____________________________ son mestizos descendientes[1] de blancos (sobre todo españoles) e indios.
5. ____________________________ son blancos y ____________________________ son negros africanos.

[1] **descendiente de** abstammend von

95 Medio, media

Prozentangaben und Bruchzahlen ▶ LA5 §2; LV3 §1

a Anota las fracciones y completa las frases. Después completa las reglas.

1. 2/5 → ___ de los invitados llegaron puntuales.	Wie im Deutschen werden im Spanischen die Brüche mit Zähler und ___ gebildet.
2. 1/5 → ___ llegó tarde. 4/5 → ___ de los invitados se lo pasaron muy bien.	Ist der Zähler größer als 1, dann steht der Nenner im ___, ebenso wie das dazugehörige ___.
3. medio litro ___ hora	*Medio* hat auch eine ___ Form und wird ___ Artikel verwendet.
4. 2/5 → Dos quintos de los invitados se fueron después de las 12:00 de la noche.	Zwischen Bruchzahl und Substantiv wird die Präposition ___ verwendet.
5. La fiesta duró 10 ¾ horas. → ¿Cuánto duró? ___	Wenn die Zahl aus einer ganzen Zahl und einem Bruch besteht, steht das Substantiv direkt ___ der ganzen Zahl.
6. Tres quintas partes del tiempo se bailó y las dos quintas ___ hablaron.	Man kann auch von ___ (Teile) reden. Diese Bruchzahlen kann man ___ oder ___ Begleiter angeben.

b Traduce al alemán las siguientes frases.

1. Perdón, podría traerme un cuarto de litro de ese vino tinto.

___

___

2. Lo siento, pero sólo tenemos botellas de medio litro o de tres cuartos de litro.

___

___

3. ¿Y del blanco? ¿Puedo pedir un cuarto o tengo que pedir medio?

___

___

c Escribe las fracciones.

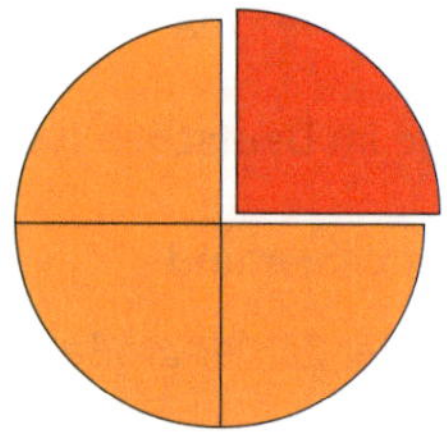

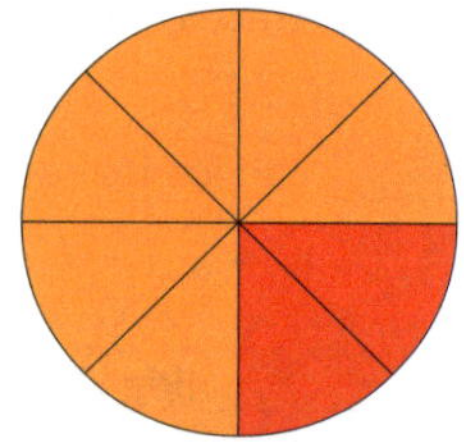

1. medio kilo	2. ____________	3. ____________

96 Medio, media

Prozentangaben und Bruchzahlen ▶ LA5 §2; LV3 §1

Vamos a hacer matemáticas: Suma y escríbe el resultado con letras.

1. 1/4 + 2/4 = ____________________
2. 3/10 + 4/10 = ____________________
3. 3/7 + 3/7 = ____________________
4. 2/5 + 3/5 = ____________________
5. 2/6 + 3/6 = ____________________
6. 4/9 + 4/9 = ____________________

97 Torta de plátano

Prozentangaben und Bruchzahlen ▶ LA5 §2; LV3 §1

Anota las cantidades de la receta de la torta de plátano.

Ingredientes[1] para 4 personas

plátano → 4 unidades
levadura en polvo[2] → 1/2 taza
queso fresco[3] → 1/4 taza
huevos → 2
vino tinto → 2/4 litro
mantequilla → 2 cucharadas[4]
azúcar → 4 cucharadas
canela molida[5] → al gusto

Para cuatro personas necesitas cuatro plátanos, …

____

____

____

____

[1] **el ingrediente** die Zutat – [2] **la levadura en polvo** das Backpulver – [3] **el queso fresco** der Frischkäse – [4] **la cucharada** der Esslöffel – [5] **la canela molida** der gemahlene Zimt

98 Una decena de – decenas de

Kollektivzahlen ▶ LV3 §12

a Traduce al español. Después completa la regla.

genaue Anzahl (Singular)	ungenaue Anzahl (Plural)
1. zehn Hunde → ______	1. zig Hunde → ______
2. ein Dutzend Eier → ______	2. Dutzende von Eiern → ______
3. hundert Studenten → ______	3. Hunderte von Studenten → ______
4. tausend Bücher → ______	4. Tausende von Büchern → ______
5. Guatemala hat eine Million Einwohner. → ______ ______	5. Mexiko City hat Millionen Einwohner. → ______ ______

Wie im Deutschen drücken manche Kollektivzahlen eine bestimmte Menge aus, wenn sie im ______ stehen, und eine ungenaue, wenn sie im ______ stehen.

Nach den Kollektivzahlen wird das Substantiv mit der Präposition ______ angeschlossen.

b Dilo de otra manera en español y después traduce al alemán los siguientes números colectivos.

1. 12 tomates: ______ → ______
2. 10 libros de español: ______ → ______
3. 100 escritores famosos: ______ → ______

99 Cientos de

Kollektivzahlen ▶ LV3 §12

Traduce al español las partes en negrita de la biografía de Frida Kahlo.

Frida Kahlo war eine mexikanische Malerin, deren Leben durch chronische Krankheit und schwere Unfälle gekennzeichnet war. Ihre Bedeutung als Künstlerin gewann Frida Kahlo durch die Aufarbeitung ihres Leidens in ihren Bildern. (1) **Unter den Hunderten ihrer Bilder** sind (2) **fünf Dutzend Selbstbildnisse**[1]. Wie (3) **Dutzende von Kunstschülern** himmelte sie den gefeierten Muralisten und Maler Diego Rivera an, (4) der **Tausende von Werken** hinterlassen hat. Rivera hatte Frida Kahlo als Geliebte neben (5) **zig anderen** Geliebten. Die beiden heirateten 1929.

1. ______ 2. ______
3. ______ 4. ______
5. ______

[1] **ein Selbstbildnis** un autorretrato

1 a

comer – yo **comía** – yo comería
beber – tú bebías – tú bebe**rías**
vivir – él vivía – él viviría
abrir – nosotros **abríamos** – nosotros abri**ríamos**
escribir - vosotros escribíais – vosotros ecribiríais
entender – ellos entendían – ellos entende**rían**

b

Regelmäßige Bildung: Um das *condicional simple* zu bilden, hängt man an den **Stamm** der Verben die Endungen des ***pretérito imperfecto*** der Verben auf *-er* und *-ir* an. Die Endungen lauten: *-ía*/*-ías*/***-ía***/***-íamos***/***-íais***/***-ían***. Einige Verben haben einen eigenen Stamm für das *condicional simple*. Er ist identisch mit dem des ***Futurs***. Zum Beispiel: *decir* → *diría, hacer* → *harías*, ***poder*** → *podría, poner* → *pondríamos*, ***querer*** → *querríais*, ***saber*** → *sabrían* usw.

c

Imperfecto: discutíais, vivían, perdíamos, subíais, escribíais, existía, conocíamos;
Futuro: bailaremos, estudiará, firmaremos, gritarás, jugaré, lloverá, tocaré, recibirán;
Condicional: cambiaría, echaríamos, entenderían, invitaríais, meterías, viajarías, romperían, preferías, estaría

2

1. Daríamos un paseo por la ciudad y después visitaríamos la catedral y Julio compraría regalos para su familia.
2. Jugaríamos al fútbol con amigos, nos ducharíamos y después yo me descansaría y Julio vería la tele.
3. Iríamos a una fiesta por la noche, las chicas bailarían y los chicos charlarían y escucharían música.
4. Toda mi familia comería comida típica en un restaurante y después Julio y yo daríamos/toda la familia daría un paseo.

3

digo – **diré** – **diría**
puedes – podrás – **podrías**
queremos – **querremos** – querríamos
sabéis – sabréis – **sabríais**
sale – **saldrá** – **saldría**
hacen – **harán** – **harían**
vendemos – vendremos – **vendríamos**
vale – **valdrá** – valdría
tienes – tendrás – **tendrías**
hay – **habrá** – **habría**
ponéis – **pondréis** – pondríais

4

P	**O**	**N**	**D**	**R**	**I**	**A**	**I**	**S**	O
G	E	**T**	T	Z	C	X	L	M	U
Q	U	**E**	**P**	**O**	**D**	**R**	**I**	**A**	I
S	U	**N**	L	M	V	X	Y	P	O
D	G	**D**	H	C	**H**	I	D	R	R
R	T	**R**	O	M	**A**	F	X	C	O
J	U	**I**	A	R	**R**	L	I	T	O
H	A	**A**	G	**D**	**I**	**R**	**I**	**A**	**S**
M	E	**N**	N	O	**A**	Q	S	F	G

1. haría
2. dirías
3. tendrían
4. podría
5. pondríais

5

Das *condicional simple* wird verwendet, um Folgendes auszudrücken:
höfliche Bitte: Satz Nummer **3**,
Wunsch: Satz Nummer **1**,
Möglichkeit, Vorschlag, Empfehlung: Satz Nummer **4**,
hypothetischer Sachverhalt in der Gegenwart:
Satz Nummer **5**,
irrealer Bedingungssatz in der Gegenwart:
Satz Nummer **2**.

1. gustaría
2. compraría
3. importaría
4. deberíamos
5. significaría

6

1. gustaría
2. importaría
3. podemos
4. gustaría
5. Sería
6. estudiaría
7. podríais, ver, gastaríais
8. viajaríais, Sería, conoceríais

7 a

1. podrías
2. me pondría
3. haríais
4. saldrían, tendrían
5. sabríamos
6. iríais
7. gustaría
8. deberías
9. querríamos, Nos aburriríamos

b

1/8
2/4
3/2
4/7

8 a

1. tendríamos
2. Viajaríamos
3. Haríamos
4. estudiaríamos, iríamos
5. Seríamos
6. trabajaríamos
7. podríamos

b

1. Ayudaría
2. Estudiaría
3. discutiría
4. Haría
5. Saldría
6. Hablaría
7. comería
8. miraría

9 a
Ana: Hola, Roberto. ¿Fuiste a la fiesta de María ayer?
Roberto: No. Me **habría gustado** mucho ir, pero estaba enfermo.
Ana: ¡Qué pena! Yo tampoco he podido ir porque era también el cumpleaños de mi mamá.
Roberto: Ah, claro. Si no, **habríamos podido** ir juntos a la fiesta.
Ana: Sí, tienes razón. Y también **habríamos comprado** juntos un regalo para María.
Roberto: Sí, bueno, yo le he comprado uno y lo he mandado por correo.
Ana: No me dijo nada. No lo **habría recibido** aún cuando hablé con ella.
Roberto: Sí, seguro. Si no, me **habría llamado**.

Das *condicional compuesto* wird mit dem Hilfsverb ***haber*** im ***condicional simple*** und dem Partizip Perfekt gebildet. Es wird gebraucht um einen nicht **erfüllten** Wunsch, eine nicht eingetretene Möglichkeit oder eine Vermutung über ein Ereignis in der Vergangenheit auszudrücken.
b
1. Yo no habría hecho eso./Yo no lo habría hecho.
2. ¿Lo habrías sabido (tú)?
3. ¿Habría venido con nosotros?
4. Habríamos tenido que limpiar el piso.
5. Habríais ganado mucho dinero.
6. Habrían preferido ir en coche a España.

10 a
1/c
2/f
3/d
4/e
5/b
6/a
b
2. … Si no, te habría comprado un regalo.
3. … Si no, habría ido con su novia a la playa.
4. … Si no, habrías conducido sola aquella noche.
5. … Si no, no habrían ido a la fiesta.

11
1. Mis padres, en cambio, **no me habrían permitido salir hasta tan tarde.**
2. Vosotros no **habríais gastado tanto (dinero)/treinta mil euros en un coche nuevo**, ¿verdad?
3. Yo, en vuestro lugar, **no habría ido (con este tiempo)**.
4. Tú no **habrías abandonado a tu perro**, ¿verdad?
5. Mis amigos **no habrían conducido tan rápido**.
6. Nosotras, en cambio, nunca **habríamos ido al cine a ver una película de terror**.
7. Yo no **habría nunca utilizado chuletas durante el examen**.

12
ir: (yo) haya ido, (tú) hayas ido, (él, ella, usted) haya ido, (nosotros, nosotras) hayamos ido, (vosotros, vosotras) hayáis ido, (ellos, ellas, ustedes) hayan ido;
ganar: (yo) haya ganado, (tú) hayas ganado, (él, ella, usted) haya ganado, (nosotros, nosotras) hayamos ganado, (vosotros, vosotras) hayáis ganado, (ellos, ellas, ustedes) hayan ganado

13
Man verwendet *presente de subjuntivo*, wenn der Hauptsatz im **Präsens** oder Perfekt steht und die Handlung sich auf die Gegenwart oder Zukunft bezieht. *Pretérito perfecto de subjuntivo* wird verwendet, wenn das einleitende Verb im Hauptsatz den *subjuntivo* verlangt und im Präsens oder **Perfekt** steht und der Nebensatz sich auf etwas **Vergangenes** bezieht.

14 a
1. … vaya sola a Madrid.
2. … no la haya visitado (aún).
3. … ya lo hayan mandado a mi madre.
4. … ya no estés enfermo.
5. … vea esta noche.
6. … le hayan gustado.
b
1. hayas ganado
2. hayan estado, hayan podido
3. haya aprobado
4. hayan llegado
5. haya terminado
6. haya estado
7. hayan gastado

15
1. … haya tenido que trabajar.
2. … se haya ido de compras.
3. … haya quedado con alguien.
4. … haya pasado algo con el coche.
5. … hayan invitado…
6. … haya salido…

16 a
pudieron, pudiera
tuvieron, tuviéramos
fueron, fueran
hubieron, hubieras
pusieron, pusierais
estuvieron, estuviera
siguieron, siguiera
b
Der Stamm des *imperfecto de subjuntivo* wird von der 3. Person Plural des ***indefinido*** abgeleitet. An den Stamm werden die Endungen *–ra*, *-**ras***, *-ra*, *-**ramos***, *-**rais***, *-ran* angehängt.
17
1. cenáramos
2. hablaran
3. fuéramos
4. comieras
5. estuvierais
6. hubiera

18 a
1. pudieras
2. fuera
3. hicierais
4. siguiéramos
5. fuera
6. hubieron

7. pusiera
8. comiera
9. estuvierais
10. tuvieras

b

1. hicierais
2. comiera
3. tuvieras
4. pudieras
5. fuera
6. estuvierais

19

Imperfecto de subjuntivo wird im Nebensatz verwendet, wenn das Verb im Hauptsatz einen Wunsch ausdrückt und im ***condicional*** steht.

1. ¡Me encantaría/Querría que supieras…!
2. Me gustaría que me ayudaras.
3. Desearía que hicierais los deberes.

20 a

Si **tuviera** dinero, me compraría un móvil.
Si **comprara** un móvil, llamaría más a mis amigos.
Si **llamara** más a mis amigos, necesitaría más dinero.
Si **necesitara** más dinero, tendría que trabajar.
Si **tuviera** que trabajar, estudiaría menos.
Wenn eine Bedingung in der Gegenwart nicht erfüllbar ist, verwendet man den irrealen Bedingungssatz der Gegenwart. Der Hauptsatz steht dabei im *condicional simple* und der Nebensatz (*si*-Satz) im *imperfecto de subjuntivo*.

b

hicieran, dijeran, dijeras, hiciérais, hicieran

21

A: fuera, cambiara, pudiera, tuviera
B: pidieras, volvieras, te pusieras, estuvieras, creyera
C: llamara, dijera, fueras, hubiera

22

1. encontrara
2. pasarais
3. vinieran
4. estudiara
5. supiera
6. pudieran
7. comprendieran

Imperfecto de subjuntivo wird im Nebensatz verwendet, wenn das einleitende Verb den *subjuntivo* verlangt und in einem Tempus der **Vergangenheit** oder im *condicional* steht. Außerdem steht er nach *para que*, ***antes de que***, ***sin que*** sowie in **Relativsätzen**, die einen Wunsch ausdrücken oder sich auf Unbekanntes beziehen.

23

1. Buscábamos un hotel que tuviera piscina y estuviera cerca del centro.
2. Quizá no hubiera suficiente trabajo. Las cosas andaban mal en este país.
3. Mi padre no creía que llegáramos antes de la cena.
4. Preparaba una tarta antes de que vinieran los invitados.
5. Proponía que saliéramos a dar un paseo.

24 a

verbos en presente de subjuntivo: venga, tenga, pongas, trabajemos, escribamos, digáis, comáis, seas, den
verbos en imperfecto de subjuntivo: cenaras, vivieras, cenáramos, ganaran, compraran, tuvierais, estuvieran, viniera, pusieras

b

1. digas
2. volviera
3. sea
4. viniera
5. hicierais
6. ayude
7. supieran
8. llueva

25

había tomado – **hubiera tomado**
habías puesto – hubieras puesto
había dicho – **hubiera dicho**
habíamos ido – hubiéramos ido
habíais tomado – **hubierais tomado**
habían entendido – hubieran entendido
Das *pretérito pluscuamperfecto de subjuntivo* wird gebildet mit dem Hilfsverb ***haber*** im ***imperfecto de subjuntivo*** und dem Partizip Perfekt.

26

1. hubiéramos comprado
2. hubiera gustado
3. hubieras dicho
4. hubiera salido
5. hubierais escrito
6. hubieran puesto

27

tú hubieras dicho, vosotros/vosotras hubierais hecho, nosotros/nosotras hubiéramos puesto, ellos/ellas/ustedes hubieran pedido

28

1. hubiera puesto dos despertadores
2. hubiera estudiado más
3. hubiera pedido perdón
4. hubiera hecho lo mismo

29 a

hubieras dicho, hubiera pedido
Das *pretérito pluscuamperfecto de subjuntivo* wird im irrealen Bedingungssatz der Vergangenheit im ***si-Satz*** verwendet.

b

1. me hubieras llamado más temprano
2. te hubieras quedado sola en casa
3. Si no hubiéramos discutido la noche anterior
4. hubieras salido con Juan Pablo

30 a

hubiera dejado, hubiera dicho, hubieras convencido,

os hubierais ido, hubieran hablado, hubieras gastado

b

1. ¡Me lo hubieras dicho antes!
2. ¡Si lo hubiera sabido!
3. ¡Lo hubierais hecho ya ayer!
4. ¡Si nos hubiéramos quedado en casa!
5. ¡Si hubieras estudiado más!

31

1. necesitan, funcione
2. quería
3. regaló, sea
4. supiera
5. di, tengo
6. hablasteis
7. sepa
8. fuera

Imperfecto de subjuntivo und *presente de subjuntivo* werden in Relativsätzen verwendet, die einen **Wunsch** ausdrücken oder sich auf etwas **Unbekanntes** beziehen.

32

1. Desearía que me comprendieras.
2. Me pareció mal que os fuerais tan temprano.
3. No es posible que haya hecho eso!
4. Queremos comprar una casa que tenga jardín.
5. Mi hermano deseaba que en Mallorca hiciera buen tiempo.
6. ¡Ojalá hayan llegado bien!
7. Me gustaría que me devolvieras el dinero.
8. Quizá este verano viajemos a España.
9. Te llamaré apenas llegue.

33

con indicativo: como, porque, ya que
con subjuntivo: a fin de que, para que, antes de que
con indicativo o subjuntivo: cuando, hasta que, mientras, siempre que, de modo/forma que, así que, aunque, a pesar de que

34 a

Nach temporalen, konzessiven und konsekutiven Konjunktionen folgt der ***subjuntivo***, wenn sich die Handlung des Nebensatzes auf etwas Zukünftiges bzw. Unsicheres oder noch nicht Bekanntes bezieht. Nach *a fin de que* und ***para que*** steht immer der *subjuntivo*.

b

1. porque
2. así que
3. antes de que
4. Siempre que
5. para que
6. Aunque
7. hasta que

35

1. vayas
3. vayas
4. creas
6. llames

d. encuentres
f. llegas

Zuordnung:

1/c
2/d
3/a
4/e
5/f
6/b

36

1. vengas
2. Siempre que
3. comprenda
4. Cuando
5. puedo
6. Para que

37

1. juntemos
2. hablan
3. veas
4. encontremos

38 a

quieren, sea, soy, tenga, coma, duerma, hacer, tenga, pueda

b

Me parecía que no me querían. Siempre querían que yo fuera una persona que no era. Tenía por ejemplo pelo largo, pero ellos preferían que tuviera pelo corto. ¡Y no sólo eso! Siempre me decían que mientras comiera y durmiera en su casa, tenía que hacer lo que ellos querían. Esto no podía seguir así... Yo no podía esperar hasta que tuviera 18 años y pudiera irme de casa.

39 a

habrá visitado, habré hecho

Das *futuro compuesto* wird gebildet mit dem Hilfsverb ***haber*** im ***futuro simple*** und dem Partizip **Perfekt**.

Es wird gebraucht,

– a. **2** um Handlungen wiederzugeben, die abgeschlossen sein werden, wenn eine andere neue Handlung in der Zukunft eintritt;

– b. **1** um eine Vermutung in Bezug auf etwas Vergangenes auszudrücken.

b

1. habremos comido
2. habrán vuelto
3. habrán abandonado
4. habré dejado

40

1. – ¿Habrán vuelto los vecinos de las vacaciones?
   – Con seguridad habrán vuelto la semana pasada.
2. – ¿Dónde habrá puesto papá el dinero?
   – Lo habrá puesto en la caja.
3. – ¿Qué habrá pasado?
   – Seguro que habrá llovido.
4. – ¿Por qué Julio y Ana no habrán pedido ayuda antes a sus amigos (antes)?
   – Porque habrán hablado primero con sus padres.
5. – ¿Habrá nevado ayer en las montañas?
   – Sí, pero también habrá salido el sol.

41
Mi padre me habrá aumentado la paga. Habré conocido a una chica bonita. La chica y yo habremos ido juntos de vacaciones. Mis amigos me habrán elegido capitán de nuestro equipo de fútbol. Mi hermana se habrá ido a estudiar fuera y me habrá dejado su habitación. Mis abuelos me habrán regalado un coche. Habremos tenido éxito con nuestro grupo de música.

42
1. ayudaré
2. habrán llegado
3. se habrá casado
4. querrás
5. tendréis
6. funcionarán
7. Habrán subido
8. estudiarán

43
habrá pasado, Habrá tenido, tendrá, arreglarán, habrán dicho, estarán, llamaré, visitaré, acompañaré

44 a
hube pensado, hubo cruzado
b
Das *pretérito anterior* wird mit dem Hilfsverb *haber* im ***pretérito indefinido*** und dem **Partizip Perfekt** gebildet. Anstatt des *pretérito anterior* wird heutzutage in der Regel ***pretérito pluscuamperfecto*** oder ***pretérito indefinido*** verwendet.
c
1. Apenas había terminado/terminé de estudiar, empecé a ver la tele.
2. Los padres se fueron apenas los niños se habían dormido/se durmieron.
3. Después de que os habíais marchado/os marchasteis, salió el sol.

45 a
se + Verb in der 3. Person Singular + Nomen im Singular
se + Verb in der 3. **Person Plural** + Nomen im Plural
Der Urheber bleibt **ungenannt** oder ist unwichtig.
b
1. La figura de Mafalda se dibujó en 1963.
2. Este cómic se ha traducido (este cómic) a 26 idiomas.
3. En 1973 se dejaron de publicar las famosas historietas./ Las famosas historietas se dejaron de publicar en 1973.
c
1. presentaron
2. lanzó
3. pusieron
4. vieron
5. publicaron

46
1. d: Man benötigt eine Sekretärin.
2. a/b: Man spricht Spanisch.
3. c: Man sucht Pedro Rodríguez Pelayo (Gesucht wird Pedro Rodríguez Pelayo.)
4. a/b/d/e: Man verkauft (Zu verkaufen).

47
1. se hablan: verdadero
2. se bebe: falso
3. se comen: verdadero
4. se toma: verdadero
5. se hacen: verdadero
6. se puede: verdadero
7. Se compra: falso

48
Se necesitan una cebolla, un limón, tres ajos, dos aguacates y un tomate. Se cortan el tomate, el ajo y la cebolla. Se quita la piel del aguacate, se parte y se corta. Se corta el limón y se (le) saca el zumo. Se pone todo junto y se come con nachos.

49 a
En 1939 **las líneas de Nasca fueron descubiertas por Paul**.
Subjekt + Verb ser + Partizip Perfekt + (***por*** + Urheber)
Das Partizip Perfekt ändert die Endung wie ein **Adjektiv** und richtet sich in Geschlecht und **Zahl** nach dem Subjekt. Der Urheber muss nicht genannt werden. Wenn er genannt wird, wird er mit ***por*** angeschlossen.
b
1/b/III
2/c/I
3/a/IV
4/d/II

50 a
1. hech**as**
2. atraid**os**
3. pagad**o**
4. concebid**a**
b
1. El suelo fue limpiado por Kosok y diversas figuras geométricas fueron descubiertas.
2. Las formas de pájaros y otros animales fueron vistas más tarde (por Kosok).
3. Las líneas de Nasca también fueron estudiadas por la investigadora alemana María Reich.
4. Estas líneas eran usadas como calendario solar y lunar por los antiguos astrónomos peruanos.
5. Hasta hoy más de 30 figuras han sido encontradas en las Pampas de Nasca.
6. Lamentablemente este maravilloso calendario es destruido cada día más por el hombre.

51
1./b: Das Abendessen ist zubereitet (Zustandspassiv).
2./a: Das Abendessen wird zubereitet (Vorgangspassiv).
Vorgangspassiv: *ser* + Partizip Perfekt + (*por*)
Zustandspassiv: ***estar*** + **Partizip Perfekt**
Der Urheber ist nicht relevant.

52
1. En España muchas tiendas están cerradas durante todo el verano.
2. Los bares están abiertos durante todo el día.
3. El aceite de oliva es consumido por todos los habitantes.

4. La Sagrada Familia fue construida por Antonio Gaudí.
5. Los deberes están terminados.
6. El «roscón de reyes» es preparado sólo el 6 de enero, el día que vienen los Reyes Magos.

53
1. La ventana es abierta/está siendo abierta (por una mujer). – Vorgangspassiv
2. La ventana está abierta. – Zustandspassiv
3. La casa está construida. – Zustandspassiv
4. La casa es construida/está siendo contruida. – Zustandspassiv
5. La carta es escrita/está siendo escrita. – Vorgangspassiv
6. La carta está escrita. – Zustandspassiv
7. La mesa es puesta/está siendo puesta (por el hombre). – Vorgangspassiv
8. La mesa está puesta. – Zustandspassiv

54 a
Der irreale Bedingungssatz der Gegenwart wird wie folgt gebildet:
si + ***imperfecto de subjuntivo***/
Hauptsatz: condicional simple
1/f
2/a
3/c
4/b
5/d
6/e
Der irreale Bedingungssatz der Gegenwart wird verwendet, um eine Bedingung zu nennen, die in der **Gegenwart** nicht erfüllt ist. Steht der *si*-Satz vor dem Hauptsatz, werden beide durch ein **Komma** getrennt.
b
fuera – ser – fueras, fuera, fuéramos, fuerais, fueran
pudiera – poder – pudieras, pudiera, pudiéramos, pudierais, pudieran
ganara – ganar – ganaras, ganara, ganáramos, ganarais, ganaran
comprara – comprar – compraras, comprara, compráramos, comprarais, compraran
viajara – viajar – viajaras, viajara, viajáramos, viajarais, viajaran
Der Stamm des *pretérito imperfecto de subjuntivo* wird von der **3.** Person Plural des *pretérito indefinido* abgeleitet.
c
1. hiciera
2. tuviera
3. fueran
4. fuera
5. estuviéramos

55
1. trabajara
2. visitaría
3. estudiaran
4. fueran
5. necesitaríamos

56
1. Si supiera hablar español muy bien, estudiaría en Madrid.
2. Si hoy hiciera sol y calor, Ana iría a la piscina.
3. Si encontráramos 10.000 €, podríamos comprar un coche.
4. Si Pablo y Miguel no tuvieran deberes jugarían al fútbol.

57
1. vendiera – tendría
2. tuviera – compraría
3. comprara – nacerían
4. vendiera – compraría
5. pagara – engordaría
6. estuviera – vendería
7. vendiera – ganaría
8. tuviera – compraría

58
1. nos levantáramos, haríamos
2. hiciéramos, tendríamos
3. nos levantáramos, nos quedaríamos
4. viniera, desayunaríamos
5. lloviera, iríamos
6. fuéramos, leería
7. estuviéramos, iríamos

59 a
Irrealer Bedingungssatz der Gegenwart:
Si hoy tuviera tiempo, **iría** a la playa.
Irrealer Bedingungssatz der Vergangenheit:
Si **hubiera tenido** tiempo ayer, habría ido a la playa.
Der irreale Bedingungssatz der Vergangenheit wird verwendet, um eine Bedingung zu nennen, die sich auf etwas **Vergangenes** bezieht. Im *si*-Satz steht das ***pluscuamperfecto de subjuntivo*** und im **Hauptsatz** das *condicional compuesto*.
b
1. Si ayer hubiera tenido clase de Mate, habríamos escrito una prueba.
2. Si hubiera estudiado nada, seguro que no habría sacado una mala nota.
3. Si todo el fin de semana hubiera estado con mi pandilla en el cine y en la disco, no habría estudiado.
5. Si el semestre pasado hubiera tenido buenas notas en Español, no me habrían suspendido. / Si el semestre pasado hubiera tenido malas notas en Español, me habrían suspendido.

60
1/B
2/C
3/D
4/A

61
1. hubiera descubierto, habría
2. hubieran creído, se habrían llamado
3. habría, hubieran traído
4. habrían cambiado, hubieran hablado

62 a
1. fuera
2. tuviera
3. hubiera

Como si bedeutet im Deutschen **als ob**.
Mit *como si + imperfecto de subjuntivo* kann man einen irrealen Vergleich anstellen.

b
1/d
2/b
3/a
4/c

63 a
Kausalsatz: por
Finalsatz: para
Modalsatz: sin
Konzessivsatz: a pesar de
Bedingungssatz: de

b
después del – antes de – sin – de – para – por

64
Wenn man einen Nebensatz **verkürzt** ist es wichtig, dass das Subjekt eindeutig bleibt. Finalsätze mit ***para*** müssen **dasselbe** Subjekt haben.

b
1. De haber tenido tiempo, Cristina hubiera ido a la fiesta.
2. No estudiamos por no saber que había examen.
3. Al llegar a casa, sonó el teléfono.
4. Isabela fue a ver la película después de leer el libro.
5. Lucía siempre se compra el CD antes de ser famoso.
6. Marco vive muy solo a pesar de tener muchos amigos.
7. Mi papá siempre sabe todo sin yo decirle nunca nada.

65 a
1. presente/futuro
2. pasado
3. presente/futuro
4. presente/futuro
5. pasado
6. pasado
7. presente/futuro
8. pasado

Wenn sich der Nebensatz auf etwas Vergangenes bezieht, verwendet man den *infinitivo compuesto*, der sich aus dem Infinitiv von ***haber*** und dem Partizip Perfekt des Verbs zusammensetzt.

b
1. A pesar de perder el tren, volvió a casa y se despidió de sus padres.
2. Al llegar al instituto vio que no llevaba sus libros.
3. De no haber sido por su buena educación, no habría olvidado nada y habría llegado puntual.
4. Ahora siempre se despide mucho antes de salir de casa.

66 a
1/b: comparada con otras chicas
2/d: escrita con mucho amor
3/a: Leída y releída la carta
4/c: Desesperado

Verkürzte Nebensätze mit Partizip Perfekt werden verwendet, um einen **Temporalsatz** oder einen Relativsatz zu ersetzen. Manchmal drücken sie einen Grund oder eine Bedingung aus.

b
1. comparada
2. escrita
3. Leída – releída
4. Desesperado

Das Partizip Perfekt wird in **Geschlecht** und Zahl an das Substantiv, auf das es sich bezieht, **angeglichen**.

c
2. Sergio recibió un carta de María que fue escrita con mucho amor.
3. Cuando leyó y releyó la carta, tomó el móvil.
4. Como estaba desesperado se sentó a escribirle una carta de respuesta.

67 a
1. indem/und – Modalsatz
2. da/weil – Kausalsatz
3. obwohl – Konzessivsatz
4. als/während – Temporalsatz
5. wenn – Bedingungssatz

b
1. trabajando
2. gritando
3. siendo
4. Habiendo caminado

68
1. Con infinitivo: Al llegar los españoles a América, pensaban que habían llegado a las Indias.
Con gerundio: Habiendo llegado los españoles a América, pensaban que habían llegado a las Indias.
2. Con infinitivo: Por haber sido, según ellos, las Indias, llamaron a los pobladores de América indios.
Con gerundio: Habiendo sido, según ellos, las Indias, llamaron a los pobladores de América indios.
3. Con infinitivo: De no saber como llamar a las personas de India y a las de América, di Indios a las de India e indígenos a las de América.
Con gerundio: No sabiendo como llamar a las personas de India y a las de América, di Indios a las de India e indígenos a las de América.

69 a

1. ... dónde está el detergente.
2. ... dónde has metido la ropa sucia.
3. ... que no encuentra la plancha y pregunta dónde la pusiste.
4. ... bajes, por favor, que le des el detergente, que busques la plancha, que le ayudes.

b

Steht bei der indirekten Rede das Verb des einleitenden Hauptsatzes im Präsens, *futuro próximo* oder *pretérito perfecto*, verändert sich nur der **Imperativ** der direkten Rede. Alle anderen Modi und Zeiten bleiben **gleich**. *Imperativo* in der direkten Rede wird zu ***presente de subjuntivo*** in der indirekten Rede.

70 a

1. …tenía tiempo., …iba a tener tiempo.
2. …toda la vida había tenido tiempo.
3. …ayer había tenido mucho tiempo.
…ayer tuvo mucho tiempo.
4. …antes tenía mucho tiempo.
5. …la próxima semana tendría tiempo.
6. …fuéramos al cine.

b

Folgende Zeiten bleiben in der direkten und indirekten Rede gleich, auch wenn das redeeinleitende Verb der indirekten Rede im *pretérito imperfecto, indefinido* oder *pluscuamperfecto* steht: ***imperfecto***, ***pluscuamperfecto***, ***indefinido***.

71 a

partes que no cambian nunca:
sustantivos, preposiciones

b

el día anterior	ayer	hoy	mañana	al otro día/ un día más tarde/ un día después
allá	ahí	aquí		

aquel	ese	este

c

Luisa	Marta
Marta, **¿me** compro **este** vestido? **¿Te** gusta? Luisa **le** pregunt**ó** a Marta **si se** compr**aba** ese vestido.	No, no mucho, prefier**o** uno que **vi ayer** en una tienda del centro. Marta le contestó que preferí**a** uno que **había visto** en una tienda del centro.
¿Me acompañ**as** a verlo? Luisa le preguntó si **la** acompañ**aba** a verlo.	Lo **siento**, pero **esta** tarde no **tengo** tiempo. Marta le contestó que lo sen**tía** pero que **esa** tarde no **tenía** tiempo.
Pero **es** que lo necesit**o** para la fiesta de cumpleaños de **mi** prima. Luisa le dijo que **era** que lo necesit**aba** para la fiesta de cumpleaños de **su** prima.	¿Por qué no **te** pon**es** **mi** vestido nuevo? Marta le preguntó por qué no **se** pon**ía** **su** vestido nuevo.
¿En serio? **¿Me lo puedo** poner? Luisa le preguntó **si era** en serio que **se lo** pod**ía** poner.	Claro, **aquí** lo **tienes**. Marta le dijo que claro que **ahí** lo **tenía**.

72 b

…en Alemania la gente **era** fantástica. Me **dijo** que no **sabía** si **había tenido** mucha suerte, pero que ella **vivía** con una familia que **había conocido** por un foro. Además me **dijo** que después de una semana ya **conocía** a mucha gente. Y que ella **esperaba** poder estudiar en una universidad alemana. **Dijo** que se **ponía** enferma cada vez que **escuchaba** decir que los alemanes **eran** fríos, porque a ella le **parecían** ser muy cordiales. También me **había contado** que lo mejor de todo **era** la tranquilidad. Que su novio **era** alemán y que él **decía** que los alemanes se **preocupaban** mucho por hablar otros idiomas, pero si no **hablabas** alemán no **ibas** a ir muy lejos… incluso para los trabajos más básicos.

73

1/d: ...era de este país la más hermosa.
2/a: ...que abriera la puerta. El cerdito contestó que no le iba a abrir. El lobo dijo que si no le abría, soplaría y soplaría y la casita rompería.
3/c: ...qué boca tan grande que tenía. El lobo le respondió que era para comerla mejor.
4/b: ...respondió que tuviera lástima. Si lo había hecho era porque su mujer había visto desde la ventana sus verdezuelas y sintió/había sentido un deseo enorme de comerlas.

74

1. …mande las invitaciones a todos. –
…mandaras las invitaciones a todos.
2. …no leamos nuestros correos privados. –
…no leyéramos nuestros correos privados.
3. …le traiga café. – …le trajera café.
4. …no olvide los panecillos. –
…no olvidara los panecillos.
5. …llame a Ernesto. – …llamara a Ernesto.
6. …le diga a Lupe que compre papel. –
…le dijera a Lupe que comprara papel.
7. …le responda al señor Salazar su propuesta. –
…le respondiera al señor Salazar su propuesta.
8. …me vaya a casa que ya no me necesita. –
…me fuera a casa que ya no me necesitaba.

75 a

1. sin + fin
2. alti + plano: Adjektiv + Adjektiv
3. balón + cesto: Substantiv + Substantiv
4. medio + día: Adjektiv + Substantiv
5. rasca + cielos: Verb + Substantiv
6. super + mercado: Adjektiv + Substantiv
7. mal + hablo: Adverb + Verb

b

1. lavar + platos: lavaplatos, Geschirrspülmaschine
2. abrir + latas: abrelatas, Dosenöffner
3. romper + cabeza: rompecabezas, Puzzle

76 a

Zusammengesetzte Wörter sind typisch für die deutsche Sprache. Auf Spanisch verwendet man lieber die Präposition ***de*** oder schreibt Nomen und **Adjektive** getrennt.

b

1. tarjeta de crédito
2. aire acondicionado
3. saco de dormir

4. habitación individual
5. crema de protección solar
6. oso polar
7. dibujos animados
8. sala de estar

77
convivir: zusammenleben
vídeojuego: Videospiel
pelirrojo: rothaarig
cumpleaños: Geburtstag
telenovela: Fernsehserie
hispanohablante: Spanischer Muttersprachler
parasol: Sonnenschirm
bienvenido: willkommen

78
1/f, h
2/c
3/c, d
4/f
5/f
6/e
7/b
8/g
9/i
10/j
11/a

79
des: descubrir, desaparecer, descansar, desordenar
pre: prehispánico, predominar, preparar, prejuicio
in: indirecto, innecesario, inútil
im: imposible

80 a
adjetivos: culp**able**, numer**oso**, contamin**ante**, histór**ico**
sustantivos: interpreta**ción**, natural**eza**, tur**ista**, modern**ismo**
adverbios: casual**mente**
b
1. **amable** – amabilidad – **amablemente**;
2. **interesante** – interés – **interesantemente**;
3. **tranquilo/a** – tranquilidad – **tranquilamente**;
4. artístico – **artista** – **artísticamente**;
5. **real** – **realista/realidad** – realmente;
7. educado – **educación** – **educadamente**
c

m	e	n	t	f	e	m	b	b	b	e
a	n	a	m	a	b	l	e	t	r	o
s	o	r	i	m	c	ó	l	o	e	c
t	a	r	v	o	i	g	l	m	v	i
i	s	o	a	s	ó	i	e	e	e	ó
e	m	g	z	o	n	c	z	n	m	n
d	o	a	e	a	o	o	a	t	e	e
c	a	n	c	i	ó	n	s	o	n	z
ú	l	t	i	m	a	m	e	n	t	e
e	t	e	n	m	a	t	s	i	e	a

adjetivos: arrogante, famoso, lógico, amable;
sustantivos: belleza, canción;
adverbios: brevemente, últimamente
d
1. anti-american-istas
2. des-esper-anza
3. i-lógica-mente
4. des-anim-ante
5. pobr-eza
6. in-migr-ante

81 a
perrito – perro – **perrazo**
Zur Bildung der Verkleinerung verwendet man folgende Suffixe: *ito*, ***ico***, ***illo***.
Zur Bildung der Vergrößerung verwendet man folgende Suffixe: ***azo***, ***ote***.
b
1. librito, librillo – libro – librazo
2. zapatillo, zapatito – zapato – zapatote, zapatazo
3. lamparilla, lamparita – lámpara – lamparota, lamparaza
4. gatito, gatico – gato – gatote, gatazo
5. mesita, mesilla – mesa – mesota, mesaza

82
futbol**istas** – Substantiv, puebl**ito** – Substantiv, alt**ura** – Substantiv, balom**pié** – Substantiv, **in**creíble – Adjektiv, amist**oso** – Adjektiv, bel**leza** – Substantiv, verdad**era** – Adjektiv, pasa**tiempo** – Substantiv, pobr**eza** – Substantiv, **in**necesario – Adjektiv, segura**mente** – Adverb, **des**conocido – Adjektiv, completa**mente** – Adverb, jugad**oras** – Substantiv

83 a
Komparativ: + más moderno que, - **menos** moderno **que**, = **tan** moderno **como**;
Relativer Superlativ: **más** moderno **de**;
Absoluter Superlativ: **modernísimo**
b
1. Komparativ: – Paraguay **es menos grande que** Perú.,
= Guatemala **es tan grande como** Honduaras.,
Relativer Superlativ: Brasil **es el país más grande de** América Latina.
2. Komparativ: + El Amazonas **es más lago que** el Ebro.,
- El Guadalquivir **es menos largo que** el Ebro.,
El Tajo **es tan largo como** el Arauca.,
Relativer Superlativ: El Nilo **es el (río) más largo del** mundo.

84 a
bueno – mejor – más bueno
malo – peor – más malo
grande – mayor – más grande
pequeño – menor – más pequeño
alto – superior – más alto
bajo – inferior – más bajo
Einige Adjektive haben zusätzlich zu den regelmäßigen Steigerungsformen **unregelmäßige** Steigerungsformen. Die unregelmäßigen Formen werden vor allem für **abstrakte** und **übertragene** Bedeutungen oder die Beschreibung der Qualität verwendet. Sie stehen meist vor dem Substantiv.

b
1. mayor
2. más alta
3. menor
4. más mala
5. más alto, mejores
6. más bajo, mejores
7. mejores
8. mejor, mejor

85 a
grande – **máximo** – grandísimo,
pequeño – **mínimo** – **pequeñísimo**
bueno – óptimo – **bucnísimo**
malo – **pésimo** – **malísimo**
b
1. buenísmo
2. máximo
3. malísimo
4. mínimo
5. peor
6. óptimo
7. grandísima, riquísima, interesantísima, altísimos

86 a
Ungleichheit: Tú comes **más/menos despacio que**…;
Gleichheit: Tú comes **tan despacio como**…
bien → **mejor**; mal → **peor**; mucho → **más**;
poco → **menos**
Ein Vergleich mit *mucho* wird durch ***tanto***… ***como*** angestellt.
b
1. más
2. bailo mejor que tú.
3. menos que tú.
4. voy a acostarme porque anoche dormí peor que tú.
5. más tranquilamente.
6. más bajo

87 a
Der absolute Superlativ wird gebildet:
– bei den ursprünglichen Adverbien mit *muy* oder mit der Endung ***-ísimo*** (Ese coche va **muy rápido**/rapidísimo.),
– bei den abgeleiteten Adverbien mit ***muy*** oder *ísimamente* (Ese coche va muy rápidamente/**rapidísimamente**.).
b
1. tranquilísimamente/muy tranquilamente.
2. lentísimamente/muy lentamente
3. elegantísimamente/muy elegantemente.

88
2. En la ciudad las calles son más llenas que en el campo.
3. En el campo se vive más tranquilamente que en la ciudad.
4. En la ciudad el ruido es más alto que en el campo.
5. En la ciudad la oferta cultural es más grande que en el campo.

89 a
Der neutrale Artikel *lo* wird zur **Substantivierung** von Adjektiven verwendet.
Das Adjektiv steht im **Singular**, ist maskulin und kann auch gesteigert werden.
Das substantivierte Adjektiv kann mit der Präposition ***de*** näher bestimmt werden.
Lo mejor es estudiar más./Lo **más** aburrido son las clases de matemáticas. Lo mejor **del** hotel es la piscina.
b
Lo importante es, Lo normal es que, Lo raro no es,
lo mejor es que también, Lo más interesante es que

90 a
1. que
2. que
3. que
4. que
5. que
6. que
Que ist **unveränderlich** und kann sich auf **Personen** und Gegenstände beziehen.
7. la que
8. el que
9. los que
El que/la que/los que/las que benutzt man, um auf eine Information besonders **hinzuweisen** und zur eindeutigen **Identifizierung** der Bezugsperson oder –sache, an die der Artikel angeglichen wird.
10. Los que
11. los que
El que/la que/los que/las que benutzt man, wenn **kein** Bezugswort im Satz enthalten ist und nach *todos/todas*.
12. la que
Werden die Relativpronomen zusammen mit einer Präposition verwendet, dann steht:
Präposition + **Artikel** + que
b
1. que
2. los que
3. Los que
4. que
5. que
6. el que

91 a
el cual: Personen – Sachen/Gegenstände
lo cual: Satz – Sachverhalt
quien: Personen
cuyo: Personen – Sachen/Gegenstände
b
1. *El cual*/**la cual/los cuales/las cuales** sind sehr selten. Sie werden meistens mit Präpositionen verwendet.
2. *Lo cual* bedeutet dasselbe wie *lo que* und bezieht sich auf einen ganzen Satz oder **Sachverhalt**.
3. *Quien/**quienes*** wird häufig nach den Präpositionen *a, con, de* und *sobre* verwendet.
4. ***Cuyo***/*cuya* richten sich in Genus und Numerus nach dem Substantiv, das folgt.
Hablo de mi vecina, **cuyo** hijo está casado **con la** mujer **a la que** ayer viste, **la cual** paseaba con su hijo pequeño. Ya sabes de quien te hablo, ¿no?

92
1/c: cuyo, quien/que
2/a: cuyo, la que, las cuales
3/b: cuya, la cual
4/d: cuyo, el cual, la cual

93 a
1. **El/Un**: Bei Prozentangaben verwendet man den Begleiter ***un*** oder **el** und das Verb steht im Singular.
2. Dezimalzahlen werden wie im Deutschen mit **Komma** geschrieben und gesprochen.
linkes Bild: **plural**; rechtes Bild: **punto**
b
1. El/Un ochenta y cinco por ciento
2. El/Un treinta y dos por ciento
3. El/Un setenta por ciento
4. El/Un veinticinco por ciento
5. El/Un quince por ciento
6. El/Un cinco por ciento
c
1. Un/El 14,6
2. un/el 4,9
3. el/un 38,6

94
1. español, quechua
2. un/el setenta por ciento, quechua, (más o menos) el/un treinta por ciento
3. El/Un cuarenta y cinco por ciento
4. (Casi) el/un cuarenta por ciento/treinta y ocho por ciento
5. El/Un doce por ciento/Un poco más del/de un diez por ciento, el/un tres por ciento/el resto

95 a
1. **Dos quintos**: Wie im Deutschen werden im Spanischen die Brüche mit **Zähler** und **Nenner** gebildet.
2. **Un quinto, Cuatro quintos**: Ist der Zähler größer als 1, dann steht der Nenner im **Plural**, ebenso wie das dazugehörige **Verb**.
3. **media**: *Medio* hat auch eine **feminine** Form und wird **ohne** Artikel verwendet.
4. Zwischen Bruchzahl und Substantiv wird die Präposition ***de*** verwendet.
5. diez horas y tres cuartos: Wenn die Zahl aus einer ganzen Zahl und einem Bruch besteht, steht das Substantiv direkt **nach/hinter** der ganzen Zahl.
6. **partes**: Man kann auch von ***partes*** (Teile) reden. Diese Bruchzahlen kann man **mit** oder **ohne** Begleiter angeben.
b
1. Entschuldigung, könnten Sie mir einen Viertelliter von diesem Rotwein bringen?
2. Tut mir leid, aber wir haben nur Halbliter- oder Dreiviertelliterflaschen.
3. Und von dem Weißen? Kann ich ein Viertel bestellen oder muss ich davon einen halben Liter bestellen?
c
2. un cuarto/tres cuartos oder una cuarta parte/ tres cuartas partes
3. dos octavos/dos octavas partes

96
1. tres cuartos
2. siete décimos
3. seis séptimos
4. cinco quintos
5. cinco sextos
6. ocho novenos

97
...media taza de levadura en polvo, un cuarto de taza de queso fresco, 2 huevos, dos cuartos de litro de vino tinto, dos cucharadas de mantequilla, 4 cucharadas de azúcar y un poco de canela/canela al gusto.

98 a
genaue Anzahl (Singular):
1. una decena de perros
2. una docena de huevos
3. un centenar de estudiantes
4. un millar de libros
5. Guatemala tiene un millón de habitantes.
ungenaue Anzahl (Plural):
1. decenas de perros
2. docenas de huevos
3. centenares de estudiantes
4. miles de libros
5. La ciudad de México tiene millones de habitantes.
Wie im Deutschen drücken manche Kollektivzahlen eine bestimmte Menge aus, wenn sie im **Singular** stehen, und eine ungenaue, wenn sie im **Plural** stehen. Nach den Kollektivzahlen wird das Substantiv mit der Präposition ***de*** angeschlossen.
b
1. una docena de tomates – ein Dutzend Tomaten
2. una decena de libros de español – zehn Spanischbücher
3. un centenar de escritores famosos – hundert bekannte Schriftsteller

99
1. De los centenares/cientos de sus cuadros
2. cinco docenas de autorretratos
3. docenas de alumnos de arte
4. millares/miles de obras
5. decenas de otras amantes